U0071565

AQUARIUS

AQUARIUS

AQUARIUS

Catcher

一如《麥田捕手》的主角，
我們站在危險的崖邊，
抓住每一個跑向懸崖的孩子。
Catcher，是對孩子的一生守護。

聯合報・策劃撰文

決定一生的關鍵20歲

鍾肇政 南方朔 施振榮

陳垣崇 王鼎鈞 朱經武

黃達夫 余光中 張小虹

湯惠姍 吳念真 漢寶德

鄭愁予 白先勇 殷琪

目錄

011 **漢寶德** 一輩子做「與眾不同」的事
022 **南方朔** 不做筆記，不上網，手工磨出南方朔
033 **施振榮** 快垮的時候，還是要「利他」
042 **黃達夫** 治癌高手推理行醫，巡房不看錶
049 **彭蒙惠** 為教好英文，金髮成銀絲
059 **陳垣崇** 罕病救星，陳垣崇著迷基因研究
069 **徐仁修** 荒野鏢客徐仁修，鏡頭動了，自然活了
079 **朱經武** 永遠認真做夢的超導博士
088 **朱銘** 刻到金石也開口
098 **李宗盛** 十四歲學E和弦，彈出一首首李宗盛
109 **余光中** 走過戰亂，鄉愁淬煉詩心
119 **章詒和** 寫史憶故人，用筆勾住魂魄
129 **張小燕** 不想只演宮女，D咖磨成大姊大

139 **白先勇** 妙筆藏悲憫，顧曲種癡情
150 **胡德夫** 回首匆匆，胡德夫放歌，滿座淚流
161 **楊惠姍** 一生癡愛，給了張毅和琉璃
170 **吳念真** 活力歐吉桑，人間訴真情
178 **吳炫三** 用腳找靈感，用筆畫人生
189 **鍾肇政** 魯冰花養分孕育，衝破濁流
198 **二月河** 寫江湖豪氣，畫田園風光
208 **鄭愁予** 詩魂伴海洋，鄭愁予把故鄉帶著走
219 **劉慕沙** 六十餘部譯作，邊做飯邊譯書
230 **殷琪** 這個殷琪，小學初高中，都沒畢業
242 **王鼎鈞** 白色恐怖，淬鍊出開放的人生

漢寶德

一輩子做「與眾不同」的事

念建築系，同學專心畫圖，他熱中辦雜誌、寫文章，當東海系主任，把建築教育系統整個轉了彎……

漢寶德擁有一個稀有的姓。「漢」和他本人散發的氣質極為貼切，漢寶德卻說，這個姓老是讓他被誤認為是旗人（滿洲人有漢旗）、蒙古人；寫專欄時，甚至被認為是外國漢學家。大家似乎認定，如果是漢人就不必在姓氏上表明。

「也許我的姓與眾不同，使我老覺得自己很特別。所以從小時候起，就不喜歡人云亦云。很妙的是，在意見上，我永遠是與眾不同的少數。」

漢寶德一輩子都在做「與眾不同」的事：念建築系時，同學專心畫圖，他熱中辦雜誌、寫文章；擔任東海建築系系主任時，他把台灣建築教育系統整個轉了彎。

▲建築大師漢寶德對美別有體悟，他的書法自成一格。王忠明／攝影

漢寶德

- **年次**：民國23年
- **學歷**：台南工學院建築系、哈佛大學建築碩士、普林斯頓大學藝術碩士
- **經歷**：東海建築系主任、自然科學博物館館長與台南藝術大學校長
- **作品**：墾丁青年活動中心、台南藝術大學等
- **著作**：《為建築看相》、《漢寶德談美》、《漢寶德亞洲建築散步》等

他收登琨豔為徒的故事，也是建築界津津樂道的傳奇。只憑一張用毛筆寫的求師信，漢寶德便收了只有農專學歷的登琨豔做「入室弟子」。他把他帶到家裡，從畫圖一直教到做人處世。這是中國那套「一日為師，終身為父」的學徒制，在現代社會絕了跡的。

漢寶德喜歡收藏古玩，尤其是古玉。每次採訪結束，他總會從身旁的抽屜、櫃子掏出一兩個古玩，細細把玩，露出癡迷的表情。

漢寶德就像這些古玉，流動著一種溫厚的貴族氣質，彷彿從另一個年代走出來，學生姚仁喜形容他「整個人泡在中國傳統文化裡」。他應該是出身世家大族吧？

「我是標準的鄉下人。」漢寶德是山東日照縣皋陸村人，八歲跟著父母逃來台灣。漢家經商，卻訓令子孫要做讀書人。他到現在還記得，老家門上的紅色對聯永遠是八個字：「耕讀為業，勤儉持家」。亂世中連守著一畝田也是奢望，那個「讀」字卻掛在漢寶德的心門上，一輩子都沒摘下。

「如果我生在和平的盛世，也許會成為小說家。」對漢寶德來說，建築是一場意外。

在鄉下時，漢寶德常陪伴在寡居的三祖母身邊，聽她講大家族的勾心鬥角，小小心靈就發現人性的複雜，「這使我從讀小說以來，就有寫小說的打算。」漢寶德愛看雜書、作文常拿滿分，考大學前，老師也都認為他

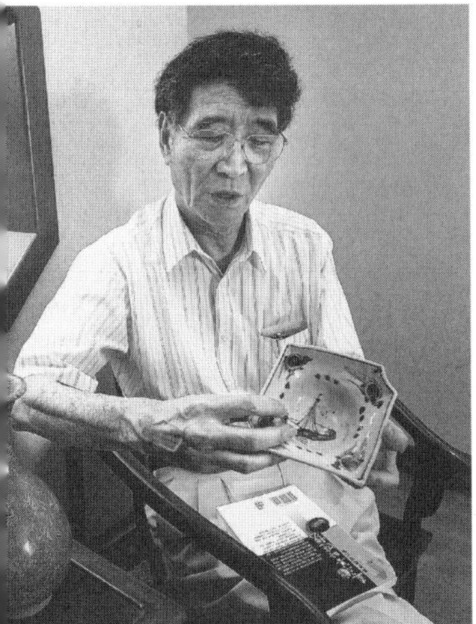

◀ 漢寶德喜歡收藏古玩，尤其是古玉。
聯合報資料照片

該選文史科，漢寶德卻猶豫了。

逃到台灣的漢家兩手空空、食指浩繁。漢寶德身為長子，雖然父母思想開明，他卻自認對家計有責任。

責任最後戰勝感情，他臨時決定報考陌生的理工組，就這樣糊裡糊塗進了台南工學院建築系。

人生關鍵

沒有過人才能，只靠過人磨勁

一段夭折初戀，也是改變漢寶德命運的關鍵。他在東海當助教時和學妹談戀愛，女友隨後赴美求學，要求漢寶德長相左右。經濟拮据，又有肺病病史的漢寶德，赴美比登天還難，他卻排除萬難申請到哈佛大學的獎學金。

上帝在這時又開了漢寶德一個玩笑，當他喜孜孜地向女友報喜後，得到的竟是一封裝著珍珠戒指的分手信。漢寶德只得一個人孤獨地踏上求學之路。

如果不是她，漢寶德不會出國念書；如果不是她的決絕，死心眼的漢寶德很可能會為了她轉到美國中部念書，也就不會有後來的機遇。

後來有沒有再聯絡？有沒有問她為什麼？漢寶德搖搖頭說：「她決定了，我就接受。」眼裡有一絲悵惘。愛追根究柢的他，卻讓這段感情成為一個謎。

三十歲前的漢寶德多災多難，三十歲後卻突然轉了運。他在普林斯頓大學攻讀碩士時，巧遇為東海求才的吳德耀校長，讓他一回國就當上建築系系主任。之後籌辦自然科學博物館、台南藝術學院、設計「南園」……這些他生命中的「豐功偉業」，統統都是人家主動找上他。

▲1968年學成回國後，擔任東海建築系主任。

「我一生中重要的事都是因緣巧合，從來沒有求過一件工作。」

這可能是「讀書人」的福報。漢寶德說，當時建築界很少人像他不務正業，又辦雜誌，又寫專欄。偏偏中國社會看重「寫文章的」多過「搞建築的」，很多人都是先讀到他的文章才找上他。

然而不是每個好運的人，都有漢寶德這樣的耐性。東海建築系系主任一做十年、科博館一做十三年。「我一次只做一件事，沒把這件事做好，就不會離開，所以每件事都會做很久。」

漢寶德說，許多同時期的朋友事業一下子三級跳，他還在原地慢慢磨。

「我沒有過人的才能，只不過靠這個磨字，磨出一點成績來。」

一九七五年，漢寶德學成歸國，台北到處都是違章建築，「從剛蓋好的國賓飯店往下看，完全是第三世界的景象。」做為一個學建築歸來的學子，漢寶德充滿使命感，覺得有很多事可以做。

然而不擅交際的他，既打不進官場，在商場上也無法大展拳腳。漢寶德很自然選擇「讀書人」的路——辦教育和寫文章。「在思想上，我長於批判反省；但在行動上，我一點都不aggressive（積極進取）。」他形容自己。

讀書人的武器就是筆。漢寶德以「也行」、「可凡」等筆名，在報紙雜誌上撰寫專欄。這枝筆先是針砭時政、議論文化，接著慢慢聚焦「美」。

「中國是一個了不起的民族，只是在美感上輸給西方了。」漢寶德用這一枝筆，一點一滴，為中國文化注入美感。這一寫就是三十年，到現在還沒停下，展現他過人的「磨」勁。

「我是傳統中國文人，所求有限，對事對人，都是講求道家的趣味。」漢寶德的辦公室掛著十二個字：「知足不辱，知止不殆，樂在其中。」這是他自己磨墨揮毫，從《道德經》中抄下的字句。

長袍是漢寶德的

▲1998年留歐洲的留影。

標誌。幾次在建築考察看到他，他穿著藏青色長袍、拄著枴杖，肩上還掛著一個相機。不拍照的時候，他總是低頭沉思，步履緩慢而從容。

「全台北好像只有我這樣穿，不好意思吶。」漢先生，再也沒有人比你更適合了。

那年二十歲
肺病「長假」，對建築一見鍾情

人生哪個階段對他影響最深？漢寶德毫不猶豫回答：「生肺病的時候。」因為肺病，在二十出頭、人生最青春煥發的黃金歲月，漢寶德被迫放了一場長達兩年的「長假」。

漢寶德的讀書之路並不順遂。念小學時正逢中國戰亂，他換了好幾所學校，甚至跟著共產黨辦的學校在山區逃亡，身上長了好幾個大膿包。然而父親謹記「耕讀為業」的祖訓，一定要他堅持下去。

來到台灣，他又為了家庭重擔放棄心愛的文科，糊裡糊塗、不情不願地進入建築系。才念一學期，漢寶德就受不了枯燥的畫圖課，準備轉學。沒想到就在這時，他被檢查出得了肺病。肺病是漢家的陰影，他的祖父兄弟三人，都是死於肺病。

這場突如其來的惡疾，打斷了漢寶德所有的雄心壯志。他被迫休學回家養病，一休就是兩年，「我每天躺在床上吃藥、打針，從此放下轉學的想法。」

在那時，肺炎是很麻煩的慢性病，什麼時候治好不知道。醫藥費讓漢家的經濟雪上加霜，就算治好了，橫在漢寶德面前也只有兩條路：一是乾脆不念書了，二是回去念建築系。

面對橫逆，漢寶德反倒激起了鬥志。他知道自己一定要念書，而既然只能念建築，他就要好好念建築。在病中，他跟父親要求訂英文雜誌、向美國新聞處借外文書，把大把的時間用在閱讀、思考上。在書本中，他發現建築與文化的深層關係：「建築不只是磨鉛筆畫圖，而是一個民族一個時代整體文化的表現。」漢寶德對建築「一見鍾情」，全心全意地愛上建築。

「回到建築系後，我多了一點

▲ 當年就讀馬公中學的漢寶德（右一），身邊（由右至左）是二妹漢蓓德、三弟漢宣德、大妹漢菊德、二弟漢寅德。

▲ 高中時期的漢寶德。

『腦筋』，有了自己的想法。」此時漢寶德已把文學之夢丟開，「成為一流建築家的志氣隱約在胸中成形。」

也因病中沉潛，漢寶德練出思考分析的「偏才」，憑這個偏才寫專欄辦雜誌、發動建築教育革命，走出和別人不一樣的建築之路。

這場「長假」對漢寶德來說，其實是蓄積能量的最好時光。

別人看他
全才，被吐槽生活白癡

二十多年前，漢寶德用筆名「也行」在「聯合報」副刊臧否政經大事；在「中華日報」副刊則用「可凡」為筆名寫文化評論。九歌發行人蔡文甫是當時華副主編，透露許多趣事。

專欄字數是一千字。蔡文甫說，漢寶德習慣使用六百字稿紙，他在第二張稿紙四百字處畫線為界後，便振筆疾書，不到一小時便寫好，「一字不多，一字不少」，也從來沒有遲過。

漢寶德在教育界擔任首長，寫文章使用筆名顧忌較少。「可凡」是他從女兒名字（漢可凡）中信手拈來，卻和聯副寫「玻璃墊上」的何凡只差半字。

可凡批評時政，直言無忌。蔡文甫透露，某次行政院主辦國建會，邀請參加會

▶世界宗教博物館榮譽館長、建築大師漢寶德。王忠明／攝影

議的海外學人眷屬去高雄觀光，竟用警車開道。可凡認為眷屬不該享有如此特權，寫文章批評。總編輯擔心行政院會因此關掉「中華日報」，對可凡的文章再三刁難。漢寶德氣得不再投稿，一直等到這位總編輯離職後，可凡才重登華副筆陣。

在姚仁喜眼中，老師漢寶德「好像從來不會老」，因為他總是擁有最銳利的觀點、掌握時代最新的思想。他形容漢寶德是「中國文人傳統與西方文藝復興思想的融合」，「沒有什麼他不懂！」

然而這位學生眼中的全才，卻是友人眼中的「生活白癡」。蔡文甫吐槽漢寶德老是迷路，總要夫人負責開車帶路；九歌請他簽名的稿費憑單，他以為是支票，差點要拿去銀行兌現，「他的笑話好多啊！」

如果我再年輕，想做的五件事

寫一篇小說。

做古玩收藏家。

設計一棟國民住宅。

蓋一座不一樣的美術館。

寫中國建築史。

【聯合報記者陳宛茜】

南方朔

不做筆記，不上網，手工磨出南方朔

由網友合力寫成的維基百科上，是這麼說南方朔的：「思想偏左的文化評論家」及「最用功的民間學者」。

點起一支菸，南方朔直截了當地說：「第一個形容，我不喜歡，我早過了那個階段；第二個，那是我對我自己的定義。」

書本、菸灰，充滿家中每一寸

景美樓中樓的小閣樓上，擺著客廳淘汰下來的L型壓克力茶几，這是南方朔盤腿伏案寫作之處。桌上是攤開的原文書（近日熱門的《ＩＭＦ》）及寫了一半的英詩評介；完全還是「手工業」，細小的字整齊列在稿紙格子裡。一小缽貓食和傳真機同列手邊，好方便伴讀的貓兒抬頭便吃。

行走在被書架包圍的家裡，南方朔總是右手夾著菸，左手拿著菸盒當菸灰缸，走到哪吸到哪。家裡每一寸空間都被書佔據，書房、工作室、臥室都淪陷。幾本正讀著的書，隨手攤開倒扣在床上，樓梯上堆了一箱箱出版社寄來的書，還待拆箱。陽台上也擺了書架，那是過期雜誌的歸宿，「我想，讓雜誌曬曬太陽比較沒關係吧。」

南方朔

・專職評論家，自述為floating intellectual（漂流型知識分子）
・本名王杏慶
・1946年生
・台大森林系、森林研究所畢業，文化大學實業計畫研究所博士班結業
・曾任記者、副總編輯、主筆等職，與司馬文武等人創辦《新新聞》雜誌
・創作大量評論，包括書評、詩評、政治評論；著作十餘冊

▲ 就是這種長年盤腿的書寫姿勢，讓南方朔腳踝骨外側練出兩個大黑痂。黃義書／攝影

腳踝黑痂，盤腿寫作壓出來

南方朔的生活一目了然：除了呼吸、抽菸、吃食，其餘的，就是閱讀和寫作，日復一日。

白了頭髮的評論家突然促狹地撩起褲管，露出腳踝骨外側突出的大黑痂，一邊一個，那是長期盤腿寫作壓出來的。「我太太常為這個說我。」他喜歡坐在地上寫，「累了，往後一倒就睡啦。」

用功讀書，他說是他用來「超越倒楣」的方法。極少書寫身世與過往的南方朔說，他的前半生極為倒楣，小學四年級就沒了父親，留給他一方簡陋的神主牌和貧窮。母親不識字，為人幫傭、洗衣服，雇主甚至包括他的數個同班同學。

因為匱乏與卑微，童年常有「莫名其妙的憤怒」。但這些都過去了。念台南一中時中午不吃便當，趕回家幫母親洗衣服，倒也抽空讀遍圖書館借回來的世界名著，中學時生平第一首詩登在《幼獅文藝》，用的當然是本名王杏慶。

憤怒童年，長大變愛國青年

早年的貧窮困頓，以致對照起他台大森林研究所畢業後的「愛國」之舉更顯得驚人：拒絕美國大學提供的獎學金，因為那年中美斷交，「愛國青年王杏慶」以行

▲南方朔（後排右二）與母親、家中五姊妹合影。父親死後，他是家中唯一男人了。黃義書／翻攝

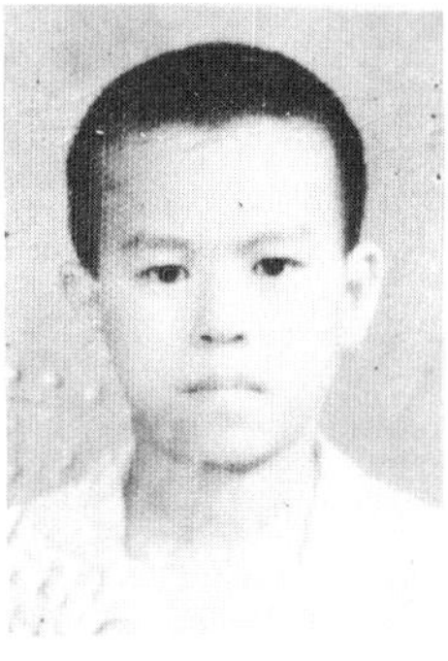

◀小學生王杏慶（南方朔），臉上有種不服輸的神情。

動「共赴國難」，這則新聞上了「聯合報」三版。行政院長蔣經國召見，蔣彥士後來要安排職務，他拒絕了。

這段個人小史，南方朔極少提起。倒是他後來成了黨外雜誌總主筆，策劃參與街頭運動。

「我一向都很『搞怪』，所以常常倒楣。」南方朔自嘲。出不了國，日子還是得過，在採訪他的記者引介下，到某報當記者。幾年記者生涯，三十五歲那年，南方朔覺得，「簡單的寫作走不下去了，我想要的是接近學者的生涯，寫深度評論。」首先他得自我教育。

大學念的是森林，「其他的，我都不會」；但南方朔說他用個笨方法，卻是最實在的：找來所有大學最基本的教科書，從頭老實讀起。

想當學者，從普通開始讀起

「讀書人總是有個毛病，看到書名裡有個『普通』兩字，《普通心理學》、《普通社會學》……就不屑一顧；這是錯的。」南方朔說，記者跑了幾年，見識廣了，大學生要念一學期的書，他一個星期就看完。

看了幾年下來，「我四十歲『過關』了，看書會覺得天下道理一通百通。」到現在，他自認，社會學、政治學、經濟學等領域的素養，「比起大學教授，也不會太差。」

學術圈的朋友說他：「這個老王，well-informed（情報靈通）。」這個形容讓南方朔頗為開心，因為「世界菁英過招，比的是現在又有什麼新的觀點」；這點，「老王」不輸人。

拒絕電腦，查資料去找書架

照著自己的藍圖，他專職寫評論，像是把長年閱讀積累的養分像吐絲一樣，逐漸用涉獵廣泛的文章織起「南方朔」這個品牌。

南方朔寫字賣文，得來的錢又買更多的書，再化成更多的文字。神奇的是，他從不做筆記，因為「讀通了，就全在腦袋裡了」；查考資料，就直接站到書架前動手，他寧願在「沒有Google的環境裡寫作」。

「何必Google？」南方朔說，你飛快地滑鼠一點，一萬八千筆資料跑出來，但有大半重複，另一大半沒用，光是篩選又花半

▲南方朔盤坐在閣樓的小茶几前寫作，貓咪球球是書僮，連書桌都有牠的位置。

天，「時間一點都不划算。」

南方朔說，他並不是「活化石」，拒絕電腦是深思熟慮的選擇。在《新新聞》時代，他用電腦寫稿創下一天飛舞一萬五千字的紀錄；只是他警覺，能用的字被電腦限制住了：困難的字系統缺漏，就換用簡單的字，結果，「文章愈來愈淺、字愈用愈簡單」，於是他決定返璞，以手工維持品質。

引介知識，近年最快樂的事

現今，台灣人最常看見「南方朔」三字之處，除了報章，就是新書的書腰及導讀，「南方朔」成了新書保證。引介知識，「這是近年最快樂的事。我寫導讀很認真，要說清楚這本書是整棵知識大樹的哪個枝幹上的新葉子，還是老葉子。在知識的系譜上鑑定、分析。」因為「找我，是看得起我，要對得起這份善意」。

回顧來時路，南方朔說：「我喜愛的讀書、寫作，就是我的工作。生涯和生計合一，算是超完美人生啦。如果我做的是另一個工作，一個人得切兩半，挪出時間來讀書，那太累了。我的人生非常統一，一點都不浪費。」

自覺上進，放棄出國不後悔

放棄出國留學，南方朔說不曾後悔，如果真出國深造，接著的人生可以預測：

拿到博士、留在美國當教授或回台灣教書。但是，「我很努力很上進，現在這樣，也沒差多少」，甚至，他的文章可能在重要的政治決策中臨門一腳，或對當政者醍醐灌頂，這是他更在意的。

不管當政的是誰，南方朔說，「我的終極價值絕不讓步」；回看這一生，「沒有父母撐腰，算起總帳，也對得起自己。」

那年二十歲

土包子念台大，連the都查

二十郎當的南方朔，那時還叫王杏慶，剛從南部搭了整天的藍皮「普快」（台鐵的普通快車），來到花花都市的台北念大學，台大森林系。

「窮鬼一個。」他說，比起台北同學的體面、多才，他這台南小孩，又窮又土，連認得的英文字都比人家少。

現今大半只看外文原典的南方朔說，當年英文給他最大的驚嚇是大一時抱著萊納斯・包林（美國化學家）的英文化學書坐圖書館，發現自己「英文字不認識幾個」，得不斷查字典。三小時下來，連第一頁導讀都未能竟其功，「我只想撞牆、跳河死掉。」

第二晚，鼓起勇氣再進攻同一頁。「查字典查成機械動作，我連『the』都查了。」近二十歲的南方朔，自信幾乎摧毀。對抗了一個多星期，終於「一個晚上可以看兩頁了」。

所以，他永遠記得大四的那個光明的上午，「全世界都在流行存在主義」，百無聊賴的南方朔在宿舍拿起一本盜版的《非理性的人》英文書，大概兩三百頁，「X的，居然一天讀完，而且我知道我讀懂了、讀對了。拗了四年不一樣了，那是我一輩子最快樂的事！」

南方朔小學四年級就沒了父親，北上念大學的學費、生活費全靠自己。於是，家教、念書、打工、對付英文，佔去他大半的青春歲月。

談戀愛？太奢侈了，南方朔說，他省到洗澡、洗頭、洗衣全是水晶肥皂「一塊打死」。直到上了台大森林研究所，有了獎學金，「一個月一千三百元，可以過個規矩的學生生活了」，他才進化到使用當年同學流行的藥皂。

▲ 大學寒暑假是南方朔念大學打工賺錢黃金期，為大樹量身高、胸圍，走遍台灣大山。黃義書／翻攝

寒暑假是他積攢學費的黃金期：上山打工去。本行是森林，他去到「沒聽說過的山裡」，台灣深山都去遍了，為大樹量胸圍、身高。一個月七百元，可以讓他回到台北市活三個月。這讓他看見另一個世界。

「山上的蛇多得不得了，走過陰溼的小徑，腳上全是吸血螞蝗。」南方朔回憶，有次，整個烏來深山都是野生百香果，藤蔓纏樹，他得揮刀砍斷百香果的藤枝救樹。

每次扯下藤蔓，他形容那情景是：「果如雨下。」那年，吃了生平最大量的百香果，「酸得不得了！」

至今，南方朔還是像早年一樣，過著簡單生活，朋友說他：「老王衣服就那三件」，西裝一套以應付所有大場面。一年只理三次髮，包括過年、夏天，及一次的隨興。於是，他的及肩灰髮招牌髮式，就是這麼省出來的。

別人看他

極度戀家，有字的都尊敬

被許多人敬稱「大師」的南方朔，在最親近的太太禹多玉眼中，「就是個平凡小老百姓」；就是極愛看書，非常尊重生命，對待家中的一貓一狗，總是展現出最溫柔的一面。

南方朔家裡像座小型圖書館，書房裡一排排頂天立地的書架，像學問家的神聖祭壇，不可造次；但家犬「狗狗」除外。牠舒服地把窩放在書林間，同享安穩。狗窩與書房並不互斥。

有客人到王家，南方朔總是拎來一張小板凳，自己坐了，並且要訪客由小沙發移坐到長沙發上，因為鋪了布毯的小沙發是「狗狗」的專屬座位。

雪白母貓「球球」是南方朔的侍從，連書桌上都有牠躺的位子。就算是南方朔幾乎被書佔據的睡床，也有球球的地盤。

南方朔極戀家，家裡有他的書、他的貓、他的狗。「他幾乎不出門的。」禹多玉說，南方朔寧願窩家中吃便當，也不願為美食外出。對有字的東西都尊敬，家中報紙看完得整齊放好，她和三個兒子犯規，「他會生氣的。」

當書愈來愈多，禹多玉開玩笑：「只好請兒子搬出去。」三個兒子都大了，把睡房讓位給老爸的書。只是，她不免反問丈夫：「不會哪天是輪到我搬出去吧？」

文史評論者陳曉林和南方朔是三十年相交的老友，在他眼中「杏慶」總是那樣，一個「辯證曲折、心思單純的批判型公共知識分子」；下筆評論總是站在權力對立面；生活上又常保赤子之心。「杏慶」以為文評寫得比政論好，殊不知，還是後者作用大些。

給年輕人的建議

- 人生有如逛街，不是集郵。喜歡的書，不是每一種都要到手不可；看到了，就是了。
- 記者、評論者要比其他行業更用功，才能領導時代。
- 人生最容易的事：讀書。貧窮不幸的小孩更要讀書，知識是拉平一切差異最有效的工具。

【聯合報記者梁玉芳】

施振榮

快垮的時候，還是要「利他」

施振榮說：我不傻，我是呷好道相報。「利他才是永續的利己。」凡事先想到自己，吃虧的還是自己。

施振榮

- **年次**：民國三十三年
- **學歷**：交通大學電子工程研究所碩士
- **經歷**：創宏碁集團，美國《商業周刊》選為全球二十五位最傑出企業管理者之一初秋朝陽灑在台北市東區巷道，這天清晨，宏碁創辦人施振榮與太太葉紫華攜手穿梭在行道樹交織出的綠蔭中，偶遇鄰居熱情問候，他總帶笑致意。找個充滿浪漫的公園涼亭坐下，他談起學思歷程，發揮一貫理性邏輯，滔滔分析「利他是永續的利己」。

《時代雜誌》，譽為英雄

施振榮在全球電腦業擁有教父級地位，《時代雜誌》讚譽他是「亞洲英雄」。即使退休過著平凡生活，他數十年來累積無數的成功、挫折，一點一滴濃縮成智慧結晶，足以匯流成澎湃大河，豐沛地灌溉每個受他影響的人。

施振榮講求「自律」，老社區住了大半輩子，直到退休，才敢大大方方出來散步。他望著葉紫華笑說，從前沒退休時，上班時間怎麼可以不在公司？「我很怕宏碁股東罵我工作不認真啊！」自我要求的個性表露無遺。

人人都有面對危機、挫折的時候，但施振榮憑藉堅強信念，關鍵時刻面不改色，他確信、執著、落實「利他」原則，也能屢屢突破瓶頸，開創新局。例如他承認失敗，著手主導宏碁集團品牌、代工分家，成為業界成功典範；他堅持六十歲退休，說到做到，更立下企業傳賢不傳子的佳話。

三十三年前施振榮開創宏碁集團，每場品牌仗打得轟轟烈烈，期間歷經幾次挫折、磨難；最慘澹的時候，「我可以感覺到，無論公司內外、媒體，每一個都說宏碁快垮了。」施振榮憶起當年面臨品牌、代工互相衝突，雖自己認為情況沒那麼悲觀，不過當時已打定主意，萬一公司怎麼了，只要盡心盡力，「我問心無愧。」

六十歲退休，他做到了

施振榮當時扭轉乾坤，一手主導宏碁品牌、代工分家，貫徹六十歲就要退休的諾言，提供更寬廣的舞台給專業經理人，還邀集各路人才一起追求品牌大夢；宏碁如今成為全球數一數二電腦品牌，也奠定施振榮品牌教父地位，堅持「利他是永續的利己」獲得絕佳驗證。

經營哲學，不留一手

他常主張「人性本善」、「不留一手的經營智慧」、「要命不要面子」、「認輸才會贏」等，有人會笑他為何這麼傻。過去也有宏碁主管懷疑「成功經驗全告訴別人，不是等於幫助敵人？」他笑說：「平常太多周遭的人要你放棄這個信念。」其實，「我不傻，我是呷好道相報！」

如何不貪？時刻檢討

「我一開始這樣做，是受媽媽影響。」施振榮說，但是隨著自己累積人生歷練後，知道「利他」可以得到永續利己，再以此出發，訂出行為規範；凡事只要利己為先，就不能永續，最後都會吃虧，這原則只要破壞，後果不堪設想。

施振榮說，這些只要想通，就不會再為了利他或利己、該做或不該做天人交戰。他也熟知「貪」是與生俱來的人性，貪名、貪利、貪玩、貪色都是人性，所以他任何時間都在檢討該如何避免。

那年二十歲

小時不了了，「玩」出領導統御術

約莫二十歲的施振榮，正歷經大學重考，成了交通大學第一屆的電子系學生。青春年少，最讓施振榮得意的當年勇，就是創立交大的「棋橋社」及「攝影社」；往後人生的勇於創新、領導統御，都是在交大「玩」出來的。

施振榮在科技業備受敬重，他提出「微笑曲線」、「台灣競爭力」、「品牌價值」公式，都成一家之言。但「小時不了了」是他年少時的寫照。

施振榮說，他小時候愛玩，諸如尪仔標、射橡皮筋，甚至賭錢，

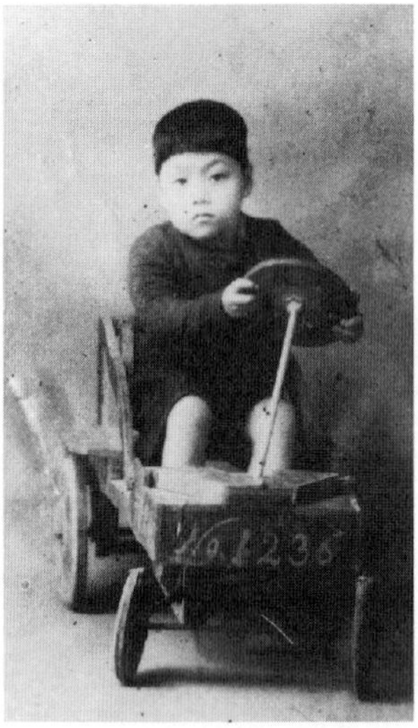

▶施振榮說自己從小就愛玩，並由中得到許多啟示。

樣樣他都嘗試。「我小學讀完書、賣完鴨蛋後，就開始玩。」他笑說，當時成績是班上五、六名，中學變成十、二十名，高中的時候掉到二十、三十名，考大學自認成績不理想，重考。

「我是重考生，年紀比較大，很容易在班上、宿舍裡帶頭。」但他不是帶頭讀書，而是帶頭玩樂。他社團玩得兇，創辦棋橋社、攝影社之外，還擔任桌球、排球隊隊長。

談起當年舉辦交大首屆的桌球大賽，施振榮特別興高采烈，他自認那一次賽事辦得轟轟烈烈，全校人人輪流打，而且都要排名，可說前無古人、後無來者。

施振榮從小愛玩，高中時曾以補習為名，在母親允許下，單獨北上「流浪」一

▲ 施振榮小時候與母親感情很好，母親影響他一生至鉅。

個多月，去看紀政、楊傳廣比賽，到歌廳聽歌、泡茶。

但他說，這段「流浪」過程中學到自立自律，「沒人管你了，但也不能做壞事，這是一種成長」，領悟出「人生遲早要對自己負責」。

「小時了了，其實不好」，施振榮甚至認為，小時候如果沒有挫折歷練，長大遇到小小的失敗，容易一下就被打垮。例如後來創辦宏碁，他說，當年環境不好，但大家都有「窮小子文化」，搶著出頭天，實際上成就更高。

即使「小時不了了」，但施振榮從小懂得自我肯定，他認為人不該妄自菲薄。有件事，現在談起敏感，施振榮原不太想說，但不禁透露，他念大學時，也看過鄰國有總統貪汙被罵，心裡就想「我一定比他偉大」，「你作總統有什麼了不起，我的人格比你高尚。」

施振榮曾被《時代雜誌》封為「亞洲英雄」，他說，感覺很光榮，「我把一台電腦從一萬美元，變成一千美元」，原來這樣也可以跟李光耀、鄧小平齊名。

賺錢原則

日子清清白白，活得就有價值

從前政府開放民間籌設新銀行，施振榮認為，經營企業不應該經營銀行，他堅持不參加；這次金融海嘯席捲全球，施振榮也充分堅守原則，毫髮無傷。

兩三年前，他回鹿港老家，在銀行工作的親戚介紹利息「保證」百分之七的商品，「我一聽就覺得不可能。」施振榮說，天下沒有坐在家裡，就有高利息掉下來的事。

這是整個社會都在貪。由客戶一路到理專、銀行高級幹部，出發點都是利己大於利他嘛。不過，施振榮把雷曼兄弟這類結構債，當成台灣八〇年代非法吸金的鴻源機構，只是鴻源很粗糙，但結構債是經過精細包裝的吸金騙局。

施振榮退休後，創立智融集團，當起「知識經濟」的推手，他對內宣揚「容易賺的錢，我不要」、「沒有附加價值的東西，就不應該賺人家的錢。」他坦言有很多同仁不習慣，真正碰到那種狀況時，不想去賺，還真不容易。但他在旁邊不斷叮嚀，希望養成一種文化、行為。

施振榮特別強調，每個人的人生遭遇都不一樣，別人的名利，可以當榜樣，但不必羨慕，絕不可當成目標。有人說，這輩子沒有賺到多少錢、沒有爬到某個位置，就好像人生失敗，但他認為，大家聰明才智、遭遇不同，只要能自我肯定，日子過得清清白白，自己感覺比其他有錢、有地位的人，活得更有價值，這樣就夠了。

施振榮樂於宣傳「利他是永續的利己」，他如大河般的人生智慧，從不吝灌溉每條引道。

他說：「人生沒有任何狀況會重複，每個人遭遇都不一樣，前一秒後一秒時間都不同，但要能抓住原則，堅持原則很重要。」

他如傳教士般不斷強調堅持正派、原則的重要，堅持原則的背後，必須有強大信念支撐。他建議，每件事情發生前、發生後，都要反省檢討驗證，慢慢養成習慣，當大事發生時，真的就能堅持原則，一點也不難。他的話，像朝陽一樣，給人希望，也溫暖人心。

別人看他

寬大溫厚，絕不出口傷人

施振榮對每件事都要認真思考、理性分析。問他如果年輕可以重來，最想做的五件事有哪些。結果他想到整夜無法成眠，最後結論是「沒有什麼想重來的事」。

▶交棒後的施振榮終於能和牽手葉紫華，優閒過日子。邱勝旺／攝影

他反問自己：「如果年輕做不好的事想要重來，即使真的可以重來，會比現在的我更好嗎？」

對於施振榮的理性，太太葉紫華戲稱，「他不懂羅曼蒂克啦。」

施振榮也笑著回應說，自己真的完全理性，不帶感性，但家庭卻是相對幸福，「如果有一天我甜言蜜語，太太就要小心了。」接著他又分析說：「那個不會是我，因為不符合利他原則，最後會傷到自己。」

不過，在同仁、部屬的眼中，施振榮絕不說傷人的話，還願意給經理人犯錯、學習的空間，平常不僅能夠容忍反對聲音，開會甚至鼓勵發表不同意見，讓許多人莫不感佩。曾問他為何這麼好，「因為尊重人性，才能激發潛能啊。」

其實，這就是施振榮。他「理性」看待任何事物，但行事管理風格卻又非常「人性」，若不是他特有的寬大溫厚個性，恐怕沒人可以融合兩種看似衝突的元素，搓揉出讓業界驚豔的事業成功「藝術」。

儘管有創業成功的傳奇色彩，但施振榮卻又是如此平凡。他說，或許是從小記性差的緣故，自己連電話號碼都記不起來，課本也不會背，但數學很好，讓他體悟死背不如頭腦想通。任何事都要想通道理，正面的可以當成榜樣，負面的教訓不忘記學習，「我只是把壞處，變成好處而已。」

給年輕人的忠告

- 「小時不了了」沒關係，要學習如何面對挫折。
- 利他是永續的利己。
- 生命有價，不要自我設限。
- 錯過的事不能重來，應該思考如何面對未來。
- 解決問題，要靠自己。
- 要自我肯定。

【聯合報記者鄒秀明】

黃達夫

治癌高手推理行醫，巡房不看錶

到病房巡視時，黃達夫絕對不看手錶。因為「問題沒解決、病人還沒有穩定下來前，我就不能離開」。

走進和信治癌中心醫院，挑高、明亮的空間，牆上掛著油畫，讓它更像座美術館，而不是一家醫院。這裡是黃達夫實踐他對醫學信仰的基地。

到病房巡視時，黃達夫絕對不看手錶。因為「問題沒解決、病人還沒有穩定下來前，我就不能離開」，這是他在美國杜克大學深造時學到的。「對病人而言，這是攸關生命的問題」，面對生命，黃達夫一絲不苟。

躲空襲，練一手好字

一九三九年在台灣出生的黃達夫，童年有戰火、炮聲的記憶。五、六歲時一顆炸彈就落在住家大龍峒孔廟附近的水稻田裡，戰機成天在台北城上空掃射，父親決定由母親帶著姊弟四人搬遷到桃園大溪。在鄉下，母親要求每個孩子寫毛筆字、畫

和信院長 **黃達夫**

- **年次**：民國二十八年
- **現職**：和信治癌中心醫院院長、國家衛生研究院醫學教育論壇召集人
- **經歷**：美國杜克大學醫院血液、腫瘤科訓練、賓州大學教學醫院內科住院醫師訓練、台灣大學醫學系畢
- **著作**：《用心聆聽》、《用心在對的地方》、《有遠景的憤怒》
- 創作大量評論，包括書評、詩評、政治評論；著作十餘冊

畫。黃達夫工整的字跡，就是在空襲疏散時練出來的。

父親畢業於東京帝國商科大學（戰後改名為一橋大學），是位銀行家。家境雖然優渥，但黃達夫印象中母親總是一身樸素棉衣。母親的正直、嚴謹與節儉，影響黃達夫很深。

黃達夫的執著，從他學小提琴可以看出來。初、高中六年，黃達夫在課業之外，全心投入小提琴，常常練了七、八小時還不肯罷手。一直到現在，他的左肩鎖骨比右肩稍高，手指上的厚繭都是年少時練琴留下來的。

念台大醫學院時，令他最難忘的課程是大一旁聽殷海光的課。當時全班只有五位學生，上課時，殷海光就坐在桌上和學生自由對談，談哲學、論邏輯、分析方法。殷海光嚴謹的思考模式，讓他茅塞頓開。

在台大醫學院，還遇到兩位重要導師，讓黃達夫決定赴美深造。當時哥倫比亞外科教授喬治・韓佛瑞、俄亥俄州的醫學院長查爾斯・多恩到台大授課。

在美國，遇見「諾貝爾」

黃達夫記得，多恩教授善於分析症狀、解剖問題，抽絲剝繭找病因，推理過程讓黃達夫十分神往。黃達夫和未婚妻在一九六五年出國到賓州深造，想看看到底人家是怎麼做學問的。

在美國，黃達夫說他十分幸運，多少人可以像他，能遇到三位諾貝爾獎得主，並且近距離共事？在賓州大學與後來得到諾貝爾獎的巴魯克．布倫伯格（Baruch S. Blumberg）教授見習，讓黃達夫見識什麼是真理的追尋，布倫伯格後來因發現B肝病毒得到諾貝爾獎。

一九六七年，他到杜克大學進修，兩位因藥學研究獲一九八八年諾貝爾醫學獎的希欽斯（George Hitchings）和艾利恩（Gertrude Elion），引領黃達夫有更成熟的醫學視野。

▶黃達夫（中）三十五年前參加台大醫學院畢業旅行，接著就來美深造，接連和三位諾貝爾獎得主近距離共事。

在賓州大學，黃達夫看到許多醫師的典範，醫者不只看病，還會花時間瞭解病人的家庭狀況，出自內心地關心病人。剛回台灣時，黃達夫很不習慣學生問他：「黃教授，你猜這是什麼病？」他會說：「對不起，我不猜，但我可以推理。先看病人有哪些症狀，以前診斷時用過什麼檢查或治療方法，有沒有成功？推理出幾種可能，要先做哪幾個檢查……」

診病因，不能用猜的

黃達夫說。人不是神，誰都可能犯錯，診斷不能三級跳，但慢慢推理、分析，就不會出大錯。

有一次醫院裡病例討論，一位美國籍教授從病人年齡、主訴、檢查、胸部X光等內容，推論可能症狀，最後再看病理切片確認；另一位台灣教授直接看了X光，就很神地診斷是什麼病。

黃達夫感嘆，這是台灣看病文化下，醫師被訓練出的「直覺」；門診裡，醫師幾分鐘就打發一個病人，在這種情況下醫師根本連想都不用想——用猜的！

黃達夫認為，台灣醫療品質的癥結在教育。傳統的醫學訓練過程教出來的學生習慣從書本找答案；但從病人身上學到的，才是活的知識。

黃達夫好幾次受聘編寫教科書，但常有頁數限制，有些編者要求舊版本教科書已有的內容不能多寫，「這樣濃縮的東西怎麼可以當成照顧病人的指南！」

黃達夫隨手從書架拿了一本基因學教科書，「看，這些內容已經是濃縮再濃

▲ 過去二十年，黃達夫的兒女不在身邊，和醫院同事朝夕相處，彼此關係就像家人一樣。

縮，講基因的章節只有六頁是不夠的。」闔上書，他感慨：「但現在學生連這個都不讀完，還有應付考試的濃縮版。」

近年黃達夫花了許多心力演講、投書，不厭其煩地闡述他對醫療品質的理念：「病人不是顧客，醫院也不是商店；好醫師的定義，不是他能創造多少績效，而是他願意為病人付出多少。」

醫學改革的路艱辛又漫長。即使同儕認同黃達夫的理想，但健保給付總額就像緊箍咒。黃達夫說起妻子送他的一句話「滴水可以穿石」：一大盆水潑出去，一下子就不見了；小水滴只要方向正確，持之以恆，終可穿透岩石。他期待有更多的小水滴。

那年十七歲

愛逛書店街，曾有文學夢

黃達夫少時對父親書房裡的藏書充滿好奇，想像一本本厚甸甸的書裡到底寫了些什麼。書架上中文、英文、日文、法文經濟學的書，即使完全看不懂，翻翻書頁裡一些照片，尋覓父親留下的筆記重點、畫線，也讓黃達夫很滿足。心想趕快長大，就可以看懂父親的書了。

考上建中後，母親幾乎不再管束功課，黃達夫自由地在書田裡奔馳。他每天上學從台北市大龍峒家裡出發，騎腳踏車經天水路、延平北路、重慶南路，到南海路建中，一路上會經過一家又一家的書局，如今回想起起來，「那條上學的路，真的太吸引我了」。

黃達夫至今還能如數家珍，從東方書局、商務印書局、世界書局、文星書店、虹橋書店……，每天下課回家一定會逛逛書店，看到喜歡的書，就存錢去買。

初中後他開始有零用錢，母親會給他一把鑰匙，要他「自己去拿」零用錢。但他不敢多取，寧願中餐不吃，省錢多買一本新書。後來他發現一本口袋書《Good Reading》，導讀不同領域的好書，他按著章節一本一本讀，從希臘神話到十九世紀英國文學，黃達夫像海棉般吸飽文學養分。

在文學裡得到的滿足與喜悅，一度讓這位純真少年相信，未來可以成為一位文學家；後來嘗試寫新詩，卻未獲師長賞識，才讓黃達夫從文學繆思中醒來。

黃達夫經常建議醫學生多涉獵文學作品，與偉大的心靈交會，那是在科學領域裡品嘗不到的甜美果實，豐富的人文素養也會讓醫者有更多人性關懷。

給年輕人的幾句話

- 無時無刻，要求自己；但同一時間要想，我可以為別人做什麼。
- 做學問要在不疑處有疑，待人要在有疑處不疑。（引述胡適之的座右銘）

【聯合報記者林宜靜】

彭蒙惠

為教好英文，金髮成銀絲

幸好，上帝送給台灣的彭蒙惠是這樣的人——堅信「人不能只想到自己，更要想別人的需要」。

空中英語教母

八十三歲的彭蒙惠從座位上站起來，抓起一隻尺來高的貓咪布偶放在自己椅子上，眨眼說：「它要趕快幫我佔位子，別讓（我辦公室）外面那些傢伙搶走了。」

辦公室的門上，貼了張「山寨版」海報：《穿著Prada的惡魔》裡，凌厲的時尚教母臉孔由梅莉史翠普換成彭蒙惠，一樣的銀白短髮、一樣的尖下巴和長鼻子，幾可亂真。那是《空中英語教室》同事以電腦合成，送給彭蒙惠的生日禮物，是《空

▶ 彭蒙惠與《穿著Prada的惡魔》梅莉史翠普長相超像，「空中英語教室」同仁用她的臉合成電影海報，做成巨型雜誌封面，這是彭蒙惠的生日禮物。

中英語教室》雜誌從未曾出版的最炫封面，還加上口白：「I'm the boss.（我才是老闆）。」

搞笑彭老師，很不像老闆

「彭老師是最不像老闆的老闆。」空英元老員工葉薇心說，雖然彭蒙惠是《空中英語教室》近三百名中外員工的老闆，事業版圖橫跨出版、廣播、電視、網路，但每天最早來打卡的總是她；晚上回家還忙著打電話到國外、上網閱讀，員工收到她半夜三點發出的電郵也不奇怪。

彭蒙惠用自己的英文名字（Doris）開玩笑：「（三〇年代美國）那個電影明星叫Doris Day（桃樂絲黛），我可是Doris Day & Night。」

幾個世代的台灣人都是聽彭蒙惠英文廣播長大的，大家隔空愛戴的「彭老師」，超愛搞笑，精力充沛，還有強烈的感染力。她常說的話是：「Let's have fun.」「每件事都可以很好玩。」她把生活看成是一場精采的歷險；「有趣會讓你忘了害怕」，學英文是這樣，到異鄉宣教更是。

十二歲的承諾，二十一歲上了船

那是十二歲那年的夏令營，講道的牧師問：「有誰願意去中國宣教？」只有一隻小手舉得高高的，那是桃樂絲．布容——彭蒙惠的英文名字。

十二歲孩子的承諾，當場沒有大人當真；彭蒙惠卻一生持守：「因為我舉手，上帝看見了呀。」

近十年後，她果真從老家西雅圖搭上開往中國的慢船，六週後抵達國共內戰中的上海。

當二十一歲的彭蒙惠上了船，送行的父親突然在岸上對女兒大喊：「孩子，你現在下船還來得及！」空中一架小飛機繞著港口盤旋，那是她三哥，他曾說，會向服役的單位借架小飛機為妹妹送行。

隻身在異鄉，躲起來大哭

彭蒙惠淡淡地說，從那天大船啟航，她再沒有見過父母。離開家兩年後，在香港接到電報，父親意外過世，美國政府也希望戰火中的宣教士全部撤退，但母親叮嚀她：「你不要回來，按照計畫去福爾摩沙，我會去看你。」

但這個承諾來不及實現，來到台灣的彭蒙惠，隔年接到母親的噩耗。

那幾乎是彭蒙惠一生最難受的時光。隻身在異鄉，失去雙親，什麼是孤單，她懂了；什麼是心碎，她也懂了。

在花蓮日式舊房子裡，她不想讓人看見她的痛苦，拉開放棉被櫃子的木門，將自己藏在櫃子裡放聲痛哭。朋友說，我們常以為彭蒙惠什麼都做得來，忘了她也只是個遠離故鄉的女孩。

台灣要什麼，我就做什麼

幸好，上帝送給台灣的彭蒙惠是這樣的人——堅信「人不能只想到自己，更要想別人的需要」。彭蒙惠不斷強調這句話，這似是她一生行事的圭臬。再困難的境地，她也能自得其樂，當年到中國的第一個生日，她決心要給自己一點鼓勵，在蘭州的狂風沙中騎著鐵馬尋找她思念的家鄉滋味：冰淇淋。竟然真被她找著了。

對往事的諸多艱難，她都已淡忘，只記得初來台灣時的燠熱，日式房子充當廣播節目錄音室，「太熱了，要關門錄音，我只好穿泳衣錄。」一錄好，她馬上和原住民孩子從岩石跳入溪流裡，涼快。

當年努力發展出口的台灣，需要英文教育，彭蒙惠說，台灣需要什麼，她就做什麼。一九六二年，「空中英語教室」正式發聲；大作家林語堂對她的發音大表讚賞，邀她合作錄製了中學英語教科書，更奠定她在台灣英語教育的地位。

直到如今，她仍是「空英」的靈魂人物，她的桌上、櫃上堆滿各式新知，全是彭蒙惠讀過、圈選過的，會放在銷售量近六十萬份的《空中英語教室》雜誌上。文章實用、逗趣，又有傳教士不容馬虎的「潔癖」——絕不教「讓人不好意思」的俚語，彭蒙惠主張：要學就要學「好英文」。

為英文教育，視錢身外物

同仁想的廣告口號「Study with the best（與最好者共讀），被她推翻，「我不

▼ 彭蒙惠和夥伴當年錄製「空中英語教室」的情景，現在錄音室大多了。

彭蒙惠 Dr. Doris Brougham

- 1926出生於美國西雅圖
- 1948抵達中國上海
- 1951轉抵台灣
- 1962成立「空中英語教室」
- 2002獲「紫色大綬勳章」及台灣永久居留權
- 2008宣教滿六十年
- 2009獲第四個榮譽博士

知道我們是不是『最好的』」於是改成「Friend for a life（一輩子的朋友）」。廣告部門為了增加業績而找來吸引青少女的內衣廣告，也被彭蒙惠往外推。

宣教六十年，彭蒙惠沒有房子，車子、衣服都是人家送的，但她有一隻狗和一把小喇叭，「我不需要錢，上帝會供應一切。」

今年，彭蒙惠回美國領取她的第四座榮譽博士，行前仍舊忙碌。

膝蓋退化的彭蒙惠緩緩走進了錄音室，用英文問美籍夥伴：「你們知道中文『福』字是什麼意思嗎？左邊『示』是神，右邊是『一口田』，就是人在伊甸園裡跟上帝在一起，這就是幸福。」美國同鄉大表佩服，彭蒙惠也得意地為自己鼓掌：「好，今天中文課結束，再來就是『空中英語教室』。」

顯示「錄音中」的紅燈亮起，滿頭金髮已成銀絲的彭蒙惠還在這裡，數十年如一日地跟台灣孩子打招呼：「Hello, everyone.」

那年二十歲

因為上帝之約，放棄那個男孩

二十歲的彭蒙惠，由家鄉西雅圖辛普森聖經學院畢業，進入華盛頓大學修習一年的遠東課程和中文，為成為宣教士裝備自己。

二十歲的彭蒙惠有金黃鬈髮和碧藍眼眸，吸引許多男孩的目光。但那時喚作「桃樂絲」的女孩另有想法，只要有人輕叩心扉，她就會老實說：「我很快就要去中國宣教了，你要跟我去嗎？」

在她看來，生命中的優先次序早就定了：和上帝的約定最大，其餘的，包括愛情，都可以捨棄。

在二十歲那年，桃樂絲遇見吉姆，是少數在她心中駐足的男孩。「他可以說六國語言，而且也想到中國傳教。」兩人的目光望向未來有一致的方向，多麼難得。

只是，一年後吉姆終究無法和她一起成行，她只好隻身上路。為了讓彼此自由，兩人約定不再聯絡。到了中國一年後，她卻輾轉收到吉姆的信，告訴她「如果你願意，我們還是可以繼續……」

他還是想念她的，這封信讓已在中國戰火中逃難三次的彭蒙惠備受安慰，「信封上蓋滿郵戳，它流浪了一年才到我手裡」，彭蒙惠說，隔著半個地球、一場戰爭的距離，連信件都可能丟失，更何況是多變的感情？這次是她做了決定，把米白色的信收進抽屜深處。

常有人說她：「為了宣教，你沒有結婚喔？」她回答：「是，我也沒有離婚。」

音樂是少年彭蒙惠的最愛。打從中學她就是學校樂團的首席小喇叭手，經營拖車生意的父親，有天收到客戶以一把薩克斯風抵帳，成了她擁有的第一把樂器。

小喇叭、薩克斯風和法國號，她都拿手。十五歲時，紐約伊斯特曼音樂學院願提供全額獎學金。全西雅圖只有兩個名額，彭蒙惠躍躍欲試。「終於可以接受正統音樂教育了」，她真心愛音樂，到中國去的心願幾乎動搖。

怎麼辦？彭蒙惠回想，這很簡單，將決定都和「到中國宣教」的承諾比一比、量一量：到中國是往西走，但音樂學院是在東岸，「和中國是相反方向，我怎麼能去？」在眾人惋惜中，她放棄獎學金。至今不曾後悔。

多年後，彭蒙惠應邀在台灣藝術大學教授銅管樂器，轟動程度不輸她的英文廣播哩。

▲八十三歲的彭蒙惠熱愛音樂，在每週四與同仁的早禱會中，她吹奏小喇叭中氣十足。蘇健忠／攝影

別人看她

腳上長了溜冰鞋，停不下來

在朋友眼中，八十三歲的彭蒙惠，永遠像孩子一樣，對這個世界興致盎然。

「她像是腳上長了一雙溜冰鞋，總是停不下來。」既是員工又是朋友的葉薇心說，彭蒙惠最明顯的兩個特質，一是愛分享，一是搞笑，「她總是帶頭作亂」，只要興致一來，就算是「搔別人的癢」這樣「失了老闆身分」的事，彭蒙惠都做得出來。「她是很另類的老闆，很另類的傳教士。」

性子急，腦袋運作像是現代電腦，彭蒙惠可以同時「多工」（multi-task）運作，小小辦公室裡常擠滿不同部門的人，跟彭蒙惠討論不同的事，「她有辦法同步解決各種問題」；但她也常常天馬行空地岔題，講得興高采烈；她的部屬也老實不客氣地告訴她：「Doris，回來，回來，現在講的是這個。」

「這是個好東西。」在訪問中，彭蒙惠不時冒出這句中文，不論是推薦剛讀過的文章，非要影印一份送人，還用螢光筆畫好重點；或是突然站起身，熱心地展示她電腦裡的相簿，「你知道用這種軟體管理相片很厲害嗎？」還是找出某位太空博士送她的新模型，「Isn't it amazing?」新奇玩意總是讓這位老太太著迷。

也難怪她五十六歲學潛水、六十歲學電腦，空英新推出的互動學習網站「cyber village」都是出自她的點子。

彭蒙惠從不在乎錢財，薪水全委由財務洪華雲代管。洪華雲「每個月給彭老師五千元零用錢」，如果不夠用，「一定是隨手捐給有需要的人了。」彭蒙惠總是說：「這些不是我的錢，都是上帝的錢。」

在童心、無私之外，朋友也看見她的羞赧。葉薇心說，她不大喜歡接受訪問，也不喜歡公開講話，因為她會害羞。但是作為龐大機構的領導者，彭蒙惠必得拋頭露面。

常常，她耐著性子上台，也耐著性子講完話，然後下台跟葉薇心扮鬼臉：「天哪，終於講完了。」

給年輕人的建議

· Don't concentrate on yourself or material possessions.
別只在意自己或物質享受。要想到別人的需要，不只是想自己。

· Learn to get along & enjoy people who are different than you.
學著與自己不同的人相處並由中得到樂趣。

· Don't blame.—Learn from mistakes no matter if they were yours or others.
別抱怨。不論是你或別人的錯，都能從錯誤中學到東西。

· Have positive goals & stand firm.
立定正確目標並且堅持下去。

· Be a thermostat（定溫器）not a thermomrtre（溫度計）for your generation.
別在乎別人流行什麼，只要聽自己良心的聲音。你是同輩人的「定溫器」，不管潮流如何，你不會像溫度計隨外在忽冷忽熱；你是定溫器thermostat，這個字很難，你不要too cold, too hot, 只要be right.

· Have strong faith in something that won't let you down.
我說的faith不等於宗教，而是一種恆久的、值得的價值，抓住它，你就不會害怕。

【聯合報記者梁玉芳】

陳垣崇

罕病救星，陳垣崇著迷基因研究

「海釣！」問陳垣崇如果再年輕一次想做的事，他不假思索地回答。半瞇著眼，好像眼前就是壯闊的大海，手上那枝筆彷彿是釣竿。

外表斯文的中央研究院生物醫學研究所長陳垣崇，整天埋首於實驗室，實在很難和海上的漁夫聯想在一起。

「在大海裡，沒有紅綠燈。」陳垣崇給了一個很有創意的答案，「船愛怎麼開，就怎麼開，不必擔心超速、跨越車道，也不必想著要靠左，還是靠右。」所以回台灣後，找到空檔參加海釣團，出海釣了一次魚。可是僅此一次，就不再參加了，「因為不能自己開船，沒什麼意思！」

陳垣崇

- **年次**：1948年
- **學歷**：國立台灣大學醫學院醫學士、美國哥倫比亞大學人類遺傳學博士
- **經歷**：美國杜克大學醫學遺傳系主任
- **現職**：中研院院士、生物醫學科學研究所所長、罕見疾病基金會董事長發明龐貝氏症的治療藥物

酷愛化學，父婉轉勸

辦公桌前的陳垣崇，給人的印象總是方正不阿，條理分明，太太陳德善也不諱言地稱他是一個「無趣的人」。想不到，陳垣崇的骨子裡對框架排斥得很，潛藏著

渴望自由、不受拘束的基因。

「其實這跟做實驗、做研究一樣。」陳垣崇形容，做研究也像無邊的大海，全靠實驗者自己想像、判斷，「也可以像開船般地馳騁，沒有紅綠燈，也沒有白色的車道線可依循。」

「不跟著別人走，自己決定方向」的性格，其實在陳垣崇的青年時代就已經流露。「父親給我很大的空間。」陳垣崇說，父親從小到大都讓他自己做決定，充分尊重他的興趣，這讓他有很大的自主空間，從小就思索人生目標。

不過，聯考填大學志願時，父親還是要他「再想一下」。

高中的陳垣崇酷愛化學，一心想做研究，目標是台大化學系。但出自醫師家庭，似乎都有丟不掉的包袱，「父親終於來找我談，希望不要那麼快做決定。」父親以台大醫學院教授的眼界和經歷，委婉地告訴他，學醫不一定要行醫，也可以做研究，這才讓他改填台大醫科。當年他以第一名保送進台大醫科。

窩實驗室，氣到老婆

大二、大三的醫學系學生多半到醫院、診所實習，陳垣崇卻選擇到老師的實驗室。幾個暑假的實習經驗，讓他像找到一生的幸福般地認定，在實驗室做研究就是這一生的志業了。當時陳垣崇就很著迷剛出現的全球第一個人類定序基因，「好像生命的巧妙都在基因上。」

因此，當許多同學忙著畢業後行醫、賺錢的生涯規畫時，陳垣崇早已埋首準備出國深造，而且是念新興的遺傳生物學。

「這甘賺有呷？」媽媽對兒子學醫卻不當醫師賺錢很納悶，更擔心陳垣崇念遺傳生物學會連自己都養不活，因為同時間，他同班好友、前新光醫院副院長黃芳彥的月薪，至少是他獎學金的二十倍。

陳垣崇以實驗室為生活重心，每天早出晚歸，氣得老婆陳德善想要離婚，「好，這件事等我睡飽了再討論。」陳德善總拿睡眠惺忪的老公沒辦法，最後只好搬回台灣幾個月，等小孩大一點再回美國。

雖然一般人認識陳垣崇，起於他找到醫治「龐貝氏症」的治療藥物，但真正讓他在醫界發光發熱的是對「肝醣貯積症」的治療；這是一種與龐貝氏症類似的先天性疾病。

抱病童，發願找解藥

「他們抱起來就是軟綿綿的。」

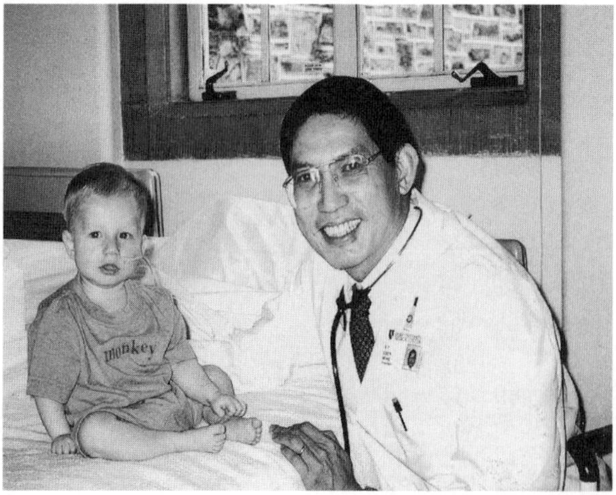

▶經陳垣崇診治的龐貝氏症病童，活潑健康，外表與正常人沒有什麼兩樣。

陳垣崇手指著電腦中的照片一邊解說，肝醣貯積症的病嬰因肝醣貯積在骨骼肌肉，導致肌肉低張力而無力。他每天抱著這些病童，明顯感覺到這些長不大的幼苗，生命力正一點一點地流失。

「因為身體會愈來愈軟。」他做了個抱小孩的手勢，彷彿這些病童的生命和身體就從他的指頭間流掉，伸手要抓，抓著的卻是稀了的麵糊，一坨坨地從指間滑過，掉到地上，化為塵土，再也抓不住。

「生命的結局，這些小孩全知道！」他輕嘆著說，這是更讓人心酸的地方，和很多無知的先天性病嬰不同，這些孩童已經大到知曉他們正愈來愈軟地將塌在死神的國度。也是這股感受與動力驅使陳垣崇戮力地找出解藥。

玉米粉，治肝醣貯積

陳垣崇終於發現治療「肝醣貯積症」的方法——玉米粉，一包只要七十九美分，而且到處買得到，研發成本不到一萬美元。比較他尋找治療龐貝氏症的藥方，傾跨國研發人力，足足花了他十五年、耗費五億美元巨資才成功，兩者的際遇真是天壤之別。

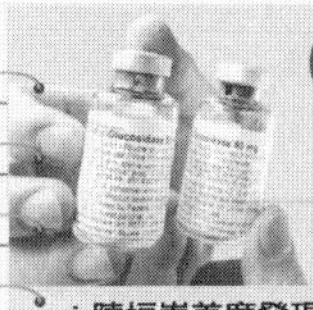

龐貝氏症

龐貝氏症（Pompe disease），又稱為酸性麥芽糖酵素缺乏症。是肝醣儲積症第二型，也是肝糖儲積症中最嚴重的一型；陳垣崇首度發現，可以玉米粉緩解的疾病為第一型；後來陳垣崇研發的特效藥就是針對第二型的龐貝氏症。

此症患者，因第17對染色體異常，缺乏可分解肝醣的酵素，無法將肝醣分解為葡萄糖供人體使用，使器官無法正常運作，發生率約五萬分之一。

一般可分為嬰兒型與成人型，前者約在6個月左右發病，常在1歲前就死亡，心臟、骨骼、呼吸、肌力均嚴重損害致死。後者約在0至60歲發病，四肢無力，最終死於呼吸衰竭。

陳垣崇感慨，玉米粉治療肝醣貯積症，可救治更多人，也更方便；但媒體提到他，往往只和龐貝氏症連在一起，讓他有時都要為玉米粉抱屈了。

親友眼中的他

哇！藥師佛原來是東方人……

「我原以為藥師佛應該是高鼻、藍眼睛的，看到陳垣崇，才知道藥師佛原來是東方人。」這是前罕見疾病基金會執行長陳莉茵對陳垣崇的第一印象。

陳莉茵說，第一次看到陳垣崇時，他正在回答一位病患家長的問題，家長是外籍媽媽；陳垣崇眼中流露的神情真的不是「親切」就可以形容的。「原來『視病猶親』真的可以被詮釋出來！」這讓過去抱著兒子求醫，走遍海內外，看過各式各樣類型醫師的陳莉茵打從心裡欽服，從那時起，她就打定主意，要延請陳垣崇當罕見疾病基金會的董事長。

和陳垣崇在台大醫學系同班、現任台大醫學院教授許金川說，陳垣崇是第一名被保送進入台大醫科的，他們同一屆畢業醫科生，雖然有很多出國深造，但是，絕大部分最後都回到老本行，開業當醫師去了，始終在研究領域如一的只有兩個人，其中一個就是陳垣崇。

「他就是篤定。」妻子陳德善個性爽朗，和陳垣崇南轅北轍，她說，陪伴他大半輩子，總是看著他做研究，非常篤定，也充滿自信，完全地樂在其中。記得在美國當研究員時，其他具醫師資格的同僚，晚上都會到醫院兼差值班，賺些外快貼補家用，沒出國念書的，也早已晉升高薪階級。只有陳垣崇總是早出晚歸，中間回來吃個晚飯，其他時間全泡在實驗室。

在美國，陳德善出外工作貼補家用，老是有人調侃她：「嫁給醫師，幹嘛不當『先生娘』，還要辛苦出來賺錢？」陳德善打趣地說，每次想到這個就很「受傷」，不過，陳垣崇像老僧入定般，繼續待在實驗室，好像所有的快樂都在那兒，不過，「有時我還真的羨慕這種個性的人，可以找到他們喜歡的工作，就一輩子埋首其中，很知足地享受樂趣！」

醫生世家

三代同行，互動雖少，感情好

陳垣崇的父親是台大醫學院教授、國

▼ 中研院生物醫學研究所所長陳垣崇夫婦。徐世經／攝影

▲陳垣崇全家福。後排是父親、前台大醫學院教授陳炯霖與母親。五個兄弟姊妹中，有三人曾在或正在中研院任職，右二是陳垣崇。

內小兒科耆宿陳炯霖，雖然父子同行，互動卻不多。

陳垣崇很努力地搜索記憶中父親年輕的身影，不僅模糊，而且幾乎只有幾個特定畫面。他說，「陳老教授」一早先到醫院上班，晚上回家還要看門診，忙到父子之間對話不多，「真的不太熟。」

「一年只有過年放一次長假吧。」陳垣崇記得，過年父親會陪他們兄弟打球，其他時間就是看著父親在忙，大部分的生活起居都是母親照料。

假日陳炯霖在家看書，妻子有時忙不過來，就把陳垣崇放在書房裡爬來爬去，「總會爬到父親腳邊玩兩下吧。」陳垣崇說，快爬到父親腳邊時，「他就會用腳輕輕地將我們撥開，繼續看書。」連陳垣崇的老婆陳德善都納悶這種父子相處方式。

陳垣崇說，家裡很像標準的日本家庭，父親總是威嚴地忙於事業，不會和子女談什麼內心話，但一舉一動卻都是濃濃的身教，像刻印般地烙印在他們身上，影響深遠。

有趣的是，陳垣崇和父親的親子關係，似乎也延續到自己和下一代身上。陳垣崇早出晚歸，整天泡在實驗室，很晚才回家。有幾次想抱抱小兒子，想不到兒子大哭跑去找媽媽，「他以為，怎麼會有陌生人抱他？」陳德善調侃地說，這大概是承襲陳家的傳統。

有一次老二問陳垣崇一道數學題，「哦，你都六年級了，這麼簡單的，你還搞不懂？」「爸，我都七年級了，哪還是六年級啊！」「啊?!你的年級每年都在變，我哪記得住啊。」

不過，陳德善說，現在長大了，就像陳炯霖的身教深深影響陳垣崇般，兩個兒子也深深受陳垣崇的影響，非常自由，但是，也深受老爸影響，目前老大還在美國當住院醫師，老二剛至杜克大學法學院就讀法律學位（J.D.），雖然聯絡不頻繁，但是，父子的感情非常好。

還是要做醫學研究

要陳垣崇想再年輕一次，會做的事。他幾乎不假思索。但是，要湊足五件事，很難。想再做的，其實這輩子都做過了。他說，再年輕一次，還是要做醫學研究，下輩子還是一樣。做得不過癮的：海釣。是他在美國最喜歡的嗜好。在美國內陸時，海，看不到，感覺卻很近，幾週就出海一次。回台灣海島，海，就時常跑進視線裡、但是，很遠，至今只出海一次。

他要到非洲，不是治療，是「照料」愛滋病患，陳垣崇特別強調。生活、食衣住行、教育等……。不過，似乎也不必等到再年輕一次，他打算退休就去，不必有遺憾。因為非洲大地的子民現在就需要別人的幫助，不能等到他下一次年輕，就像他要多花一點時間照顧弱勢團體。

推開窗，他說，希望親手栽上四季的花，每一個季節都可以看到花開，「這樣我會很有成就感！」

但是，總有那麼一點遺憾：小時候，他父親忙；長大了，換他忙。以前，陳媽媽帶他們長大；現在陳太太帶著他的小孩長大。這一次他真的希望再年輕一次，應該是再回到小時候，「和爸媽、和太太、小孩有多一點時間相處。」

如果再年輕一次，我想：

- 到非洲照顧愛滋病患。
- 種一大園子的花，春夏秋冬都可以開花。
- 照護弱勢團體。
- 多一點時間和家人相處。
- 醫學研究。

【聯合報記者張耀懋】

徐仁修

荒野鏢客徐仁修，鏡頭動了，自然活了

「如果不是那頭生氣的母豬，我現在就是拿針筒的獸醫。」荒野保護協會創辦人、生態攝影家徐仁修笑談當年一頭抓狂母豬，如何改變他的一生。

家住新竹芎林鄉下的徐仁修，隨父親工作搬到台中霧峰，少時他一心想考台中一中，沒想到考試當天忘了帶准考證，英文零分，一中無望。沮喪幾天，父親鼓勵他思考：「不一定要念大學，當獸醫也不錯。」建議他考台中高農，將來出國深造，但農場實習時，一隻發怒母豬又打翻他的人生大計。

抓狂母豬，害他獸醫當不成

母豬剛生完小豬，脾氣大得很，伸手為牠量體溫，差點就被咬。老師徵求手腳最快的學生：「誰能打完針立刻跳出豬圈的？」學校籃球隊長的徐仁修，帶著抗生素針筒上前，只花一秒鐘就突襲成功，但打完針的母豬暴跳如雷，狂追徐仁修。「我發覺我太年輕，似乎不能這麼早當獸醫。」

徐仁修報考屏東農專鑽研遺傳與育種，冥冥中為他走上「生態攝影」的路做了安排。退伍後他到農林廳當種苗研究員，接下調查野生蘭花的任務，兩年間幾乎走遍台灣山野，讓他見識到人為濫墾、農藥與肥料的濫用，正嚴重扼殺生態。

童年呼喚，一頭栽進生態裡

徐仁修回到故鄉新竹芎林，再也找不到兒時熟悉的青蛙、泥鰍，「都被農藥毒死了，算一算，至少有四十五種物種消失了……」

生態的急速惡化，催促他在一九七四年發表第一篇生態文章〈失去的地平線〉，從此踏上寫作之路。為專心寫作，徐仁修辭掉公職，想到印尼發展，卻因當地動亂而喊卡。

「朋友罵我神經，只有爸爸說：年輕人是該到處多看看！」徐仁修去不了印尼，也丟了工作，但他從不後悔；白天他到工地挑磚頭，晚上寫文章，完成《家在九芎林》、《月落蠻荒》等著作。他說，決定自己要走的路，即使挑磚也不覺得苦，「若你不回到出發點，是沒有機會改變方向的。」

沒錢沒兵，鏡頭、文字拚環保

之後，徐仁修相繼應聘到菲律賓、印尼當短期的農場顧問，開始進出雨林探險，因緣際會成了自由攝影作家，專心用照片和文字為保育荒野吶喊。沒有固定收入，徐仁修靠有限的稿費過日子，「很辛苦，但它訓練你如何規畫和實踐自己的目標，清楚自己的步伐。」

即使生活拮据，徐仁修仍結合同好，於一九九五年六月成立荒野保護協會，成為台灣組織規模最龐大的環保團體創始人。荒野協會的宗旨是讓保育觀念向下扎根，因此生態演講和營隊，鎖定九到十二歲青少年，要求父母陪同，曾是台灣唯一，也是世界獨創。

「他拍照，會說故事，轉述很多師法自然的道理。」荒野協會義工廖惠慶說，徐仁修的照片和文字宛如催化劑，喚醒她對自然的尊敬。

徐仁修說，台灣環境百病叢生，都是廟堂上這些官員小時候的生態教育沒教好所致，「孩子喜歡大自然，長大做官、做事，就不會做破壞大自然的決策。」

回溯人生的上游，徐仁修說，專注生態寫作攝影、創立荒野，其

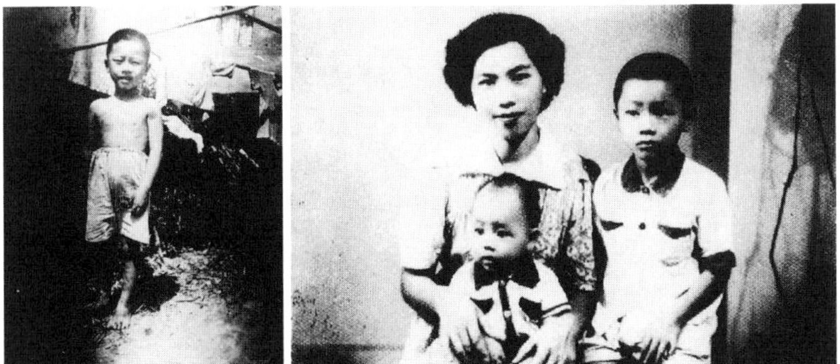

▲ 徐仁修有位會說故事的媽媽，從小教他認識有情的荒野。

實都在實現童年的夢想。「荒野兩個字不是突然冒出來的，我小時候就有了。」小學四年級，媽媽教徐仁修唱一首日文歌，後來他用歌曲的旋律，自己譜寫了新的歌詞，歌名叫〈紅蜻蜓〉。那些在荒野裡搖擺曼妙舞姿的紅蜻蜓，正是他童年美好的記憶。

紅蜻蜓　詞／徐仁修
紅蜻蜓，在夏日豔陽下飛來飛去，
記不起童年時在哪裡和你相遇，
在小溪，我初次見識你的美麗，
我心底悠然升起深深愛慕之意。
十五歲，我離開家鄉流浪到異地，
從此斷了美麗小姑娘的一切消息，
紅蜻蜓，在秋日黃昏飛過小溪去，
不知道來生少年時能否再相聚。

荒野有情，拍下四十萬個感動

別人眼中的荒野是不毛之地，徐仁修說：「那是寶地。」徐仁修認為，大人常有站在自己立場看事情的偏見，「對我有利的叫益蟲，吃我農作物的是害蟲，跟我完全無關的叫昆蟲。」他說，若人用自然的角度看待荒野，荒野並不荒而是有情，「因為所有生命都來自荒野。」

以攝影為荒野發聲，徐仁修說：「沒人教我拍照，我的攝影老師就是《國家地理雜誌》。」他常逛舊書攤，買了數百本駐台美軍丟棄的過期雜誌，由其中的生態攝影作品汲取養分。

在花園新城的住家，徐仁修有專門放幻燈片的房間，四十多萬張幻燈片是他對荒野情感的顯影。「除非能感動我，否則我不隨便按快門。」徐仁修自認不是生態攝影家，而是大自然的「轉述者」，他堅持每張照片都能說故事，而瞭解生態、耐心觀察是拍照前的基本功夫。

與猴對話，舞動的生命最美

比如在玉山拍台灣獼猴，徐仁修多次空手在棲地和獼猴搏感情，「我感覺猴子看我的眼神很輕蔑，或許在想：你這種動物動作慢吞吞，樹也爬不上，早該絕種了。」徐仁修自認不是生態攝影家，而是大自然的轉述者，透過影像傳達最基本的自然法則，進而與自然對話。要表現這樣的故事力，按快門是簡單又複雜的抉擇。「我只拍生物動的時候。」徐仁修舉例，飛舞花朵的蝴蝶最美，最具生命力，卻最難拍，「看安靜停在花蕊上的蝴蝶，不過是既無知識內涵，也沒視覺吸引力的風景照罷了。」

拍了二十幾年、淘汰十幾台相機的徐仁修，年近花甲的身手不如當年矯健，雙眼也得靠眼鏡調整老花的焦距，但他還是背起相機，穿梭蠻荒雨林，用他的鏡頭繼續為大自然行俠仗義。

那年二十歲

無聊的課就蹺，考六十分就交卷

「二十歲是我人生最重要的轉折點。」一倒帶搜尋數十年前的記憶，徐仁修回答幾乎不假思索，「因為那一年我努力看《湖濱散記》，它開啟我的哲學思考，也影響我一輩子。」

《湖濱散記》是美國的文壇巨擘亨利·大衛·梭羅一百五十幾年前的著作，也是自然文學經典。書中記錄他在湖畔獨隱的生活經驗和感觸，主張簡單生活，不打獵、改吃素等，都是人道與自然生態理念的具體實踐。

「我不願為了吃那塊牛肉做牛做馬。」梭羅不吃肉，除了相信人類文明的演化將逐漸脫離肉食，也認為生活欲求低，日子就不必過得那麼辛苦。

對流行時尚的炒作，梭羅說：「巴黎的猴王戴了一頂新帽子，全美國的猴子也跟著模仿。」幽默、機智與戲謔的筆鋒和切中時代問題的領航觀念，都是徐仁修寫作的範本。

徐仁修順手翻開這本民國十七年在上海出版的老書，頻頻讚賞「太有道理了，一百多年後來看還是很經典」。所以他在四十歲前，每年都會再看一遍。闔上書本，少年徐仁修跟隨梭羅力行簡約生活、提倡保育觀念，三餐也改為素食，後來聽從醫師建議也吃一點魚，至今如是。

二十歲的青春，念屏東農專的徐仁修努力自我鍛鍊，閱讀、寫作是每天的生活功課，但他也是班上的「蹺課王」。

徐仁修拒絕上無聊的課，也鼓勵同學們蹺課。畢業二十六年後，第一次開農專同學會，徐仁修最後一個趕到時，班上同學見面的問候語竟然是：「喂，真後悔當年沒聽你的話蹺課去玩。」

打基礎、有智慧的重要課程，徐仁修努力學習，但像「肥料摻配比例」的技術性課程，「我不明白為什麼要花時間教？這些要死背的東西查參考書都有。應該教學生懂『為什麼？』」他說，至今許多老師還得回答這項質問。

通常老師點完名，徐仁修就溜出教室，到河邊的樹下看書、寫詩。他連寫考卷都很「節制」，「四個學期的作物學平均成績六十點五分。」別人設法考高分，徐仁修只要估計滿六十分就停筆交卷，因為「一點時間都不想浪費！」

別人看他

不跪地怎聞花香？不傳技術，傳氣度

走遍大江南北的徐仁修用相機和文字為大自然發聲，孚得眾望，私底下的他則是行事低調的獨行俠。為他出書的美術編輯兼攝影助理黃一峰形容：「他勇於探險，過極簡生活。」

徐仁修　荒野保護協會創辦人

專職寫作、生態攝影，自嘲是早就休「無薪假」的作家，不認為自己是生態攝影家，而是「自然的轉述者」。

- 1946年生、屏東農專畢業
- 當過台灣省農林廳公務員、駐尼加拉瓜農技師、雜誌攝影記者
- 出版生態攝影與文字書十餘冊
- 吳三連報導文學獎、吳魯芹散文獎、金鼎獎得主
- 正在推動成立「國際荒野保護基金會」

▲ 鏡頭戀花香　「不跪地怎聞花香？」道出徐仁修謙卑的生態攝影態度。

徐仁修的獨立性格從一路自學攝影就看得出來，也間接影響周邊的工作夥伴。初出茅廬的黃一峰久仰他的生態攝影功力，想拜師學藝，好不容易有機會隨行探險，為他扛鏡頭、背腳架，深入東南亞的婆羅洲雨林拍攝，「老師，在雨林拍照要注意什麼？」黃一峰謙卑地問，但徐仁修只丟句話：「你手上拿的不是相機嗎？不會自己拍嗎？」

技術不是問題，觀念與態度才是關鍵。黃一峰沒從徐仁修身上學到任何攝影技巧，但徐仁修用行動告訴他：「要拍出花的

氣味，不跪地怎聞花香？」就連癩蛤蟆，徐仁修也捨棄人眼高度的俯視拍法，「用平行的角度看牠，挺可愛的。」

黃一峰說，徐仁修是天生的探險家，但也常告誡他：「要探險，但不冒險。」訓練自己膽大心細、謀定而後動。像在雨林裡拍毒蛇，徐仁修幾乎把鏡頭貼在蛇頭前面按快門，難道不怕被蛇吻嗎？「那裡的毒蛇跟台灣的不一樣，要先瞭解習性才敢這麼做。」這讓黃一峰瞭解，沒有知識基礎的探險，可能會成為喪命的冒險。

拍照的徐仁修是「拚命三郎」，黃一峰幾度在懸崖邊要出手拉住他，防止墜崖意外，沒想到「老師」回答他：「每一次來都要當成最後一次，以後不一定有機會再來。」

除了演講，徐仁修是個無聲的「省長」，話說得少，三餐也總自己料理，吃得簡單又清淡，衣著少有變化，「溫飽」是最大的滿足。

黃一峰說，錢對老師來說，除了買相機、鏡頭，像沒多大用處，只要有一筆演講費、出書的版稅，就會去找光圈和曝光值大一點的攝影器材，好更迅速捕捉生物的身影。

有陣子，剛出社會的黃一峰接了許多美編案子，徐仁修反問：「賺這麼多錢要幹嘛？」並強調：「要用錢的時候，老天自然會安排送過來。」受徐仁修影響，如今黃一峰已不接生態以外的圖書美術設計案，期待自己在生態領域中精進技藝，用自然美感影響更多人。

給年輕人的三句話

・要經常反問自己：我的身體、反應能力、語言能力、EQ都好嗎？

・準備好了，那神祕有趣的世界將等你去經歷，而且保證精采無比；如果沒準備好，做的夢都不會成真的。

・借一句梭羅的話：人生所有的精采都從行動開始。

【聯合報記者鄭朝陽】

朱經武

永遠認真做夢的超導博士

在香港科普電視劇《創新戰隊》裡，他頂著一頭散亂銀髮，臉上半戴著歌劇魅影般銀色面罩，化身超級博士。在大學校長退休後，他曾發願要和太太到台灣開一間小學或幼稚園，因為「辦教育是很有意義的事」。在研究室裡，他回復了嚴謹認真的學者本色。「君子不器」這句話，在知名物理學家朱經武身上充分獲得驗證。

失敗，是步向成功的途徑

對日抗戰時，朱經武在湖南出生，七歲來台在台中清水的眷村長大，父親在空軍服務。朱經武印象很深，小時候母親就教導他：「摔倒了也要拿一把沙。」他從此體認：失敗，是累積經驗最好途徑。

二〇〇九年春天，朱經武坐在寬大的香港科技大學校長室裡，思緒跳回二十幾年前在美國休士頓大學任教時的情形。一九八七年，他成功發掘新超導材料，將超導溫度提高約攝氏零下一百八十度，突破傳統理論局限，開創了高溫超導研究及應用的新紀元。

然而這項成就的背後，埋藏的是數以千百計的挫折與失敗。朱經武剛進美國貝爾實驗室，老師是當時的超導領域巨擘，他指著實驗室裡上千種單晶材料告訴朱經武，這些都是美國在二次世界大戰期間製造出來的，「我只研究了幾種就有許多重大發現。」

朱經武的運氣似乎不太好，試了幾百種材料都沒有發現任何鐵電現象，不過他卻說，這段期間的研究奠定了他日後在高溫超導體領域的基礎。「最重要的是態度」，朱經武說，生活不盡然在失敗中，每次失敗，在大局方面都算是一步步的成功，「人必須要樂觀面對問題。」

實驗，自己當人肉導電體

朱經武的科學啟蒙，最早應該可以追溯到小時候跟在維修飛機的父親身邊觀察。他也曾為了做科展實驗，把自己當成「人肉導電體」；當電流通過、雙手酥麻發抖，朱經武心中不是害怕而是開心，因為實驗成功了。朱經武現在看，實驗當然要儘可能安全，「但如果要走到一個未知的世界，裡面一定會有危險。」

朱經武就算躺在臥房的床上，滿腦子想的還是物理，連做夢都是。以前常有學生晚上一兩點打電話到朱家，告訴他實驗有新發現；接電話的常是朱太太陳璞，她笑稱自己習慣了，「我把電話交給朱經武，翻個身就睡著了。」

獲知新訊的朱經武則興奮地再難入睡，他躺在床上思考，甚至立刻起身，直接開車衝到實驗室弄個明白。

陳璞是國際知名數學大師陳省身的女兒，十九歲以資優生在研究所畢業後便跟朱經武共組家庭。她原來念物理，後來卻拿了經濟學博士學位，現在是休士頓一間銀行的董事。

做夢，無數靈感來自夢中

朱經武是個愛做夢的人，他興致勃勃談起夢和研究間的關係，他說自己夢裡所見常成為高溫超導研究的靈感。這種從夢中取得靈感的作法，至今仍然是他研究的活力泉源。

他認為，物理學研究雖然不能沒有理論基礎，但「直覺」同樣重要。「做學問一方面要很重視理性，但也必須講求知識和經驗間的關係」，經驗所需要的就是「直覺」，在直覺中不斷嘗試，「我稱這種研究方法，叫Enlightened Empirical Approach（啟蒙實證法）。」

他說：「物理研究，樂趣無窮，就像楊振寧所說，研究要有style（風格），也要有taste（品味）」，就像巴哈、莫札特等藝術家，「感覺」對科學研究來說非常重要。「我前天晚上又做了一個夢，夢到怎樣用碳這種有機物做到更高溫的超導。」碳，又成為朱經武研究團隊下一個努力的材料。

八年前，朱經武到香港科技大學擔任校長，一如他當初受邀到港任職時所說：「我生為科學家，願死為科學家。」這些年來，他從未間斷在美國的研究工作；常在香港科技大學、坐擁全港海景山色的校長辦公室裡，朱經武極目遠眺，望著海上星羅棋布的小島，尋思大計。

香港八年，奉行「難得糊塗」

校長座位背後，掛著一幅清代鄭板橋的字：「難得糊塗」，這是他做人的哲學。他所謂的「糊塗」，就是只管好大事、方向，小事就不太管。朱經武認為，行政管理與做研究都是「常識」，他從不告訴行政團隊要怎麼做，因為行政團隊的教育行政經驗，比沒做過校長、院長，甚至系主任的朱經武豐富很多。

「我感到自己很幸運，你說我成就高，但我怎樣也沒有這種感覺。」朱經武談到自己這一生的成就時表示，「講得不文雅一點，只要人老了，一定會生痔瘡」，研究做多了，誰不會有一定的成果呢？他認為自己沒有好頭腦，不能過目不忘，但性情寧靜、不怕難、肯學，才能有些成績。

作為國際知名的物理學家，朱經武身上散發的是溫雅、幽默，看不出半點傲氣。他今年八月就會從科技大學校長一職退休，但六十六歲的他將在物理研究上，

▲ 朱經武在科大校長室座位後掛著的橫匾，寫著「難得糊塗」，反映他的管理哲學。陳競新／攝影

朱經武

1979年，獲美國休士頓大學聘為物理學教授。

1987年，成功將超導溫度提高，奠定高溫超導的國際地位。並獲德州政府出資委任為休士頓大學德州超導中心首位主任。

院士紀錄

美國科學院、美國人文及科學學院及俄羅斯工程學院院士、台灣中央研究院、大陸中國科學院院士。

得獎紀錄

美國科學家最高榮譽的國家科學獎及馬蒂亞士獎、太空總署成就獎、孔士德獎及國際新材料獎。

其他殊榮

1990年獲《美國新聞與世界報導》雜誌推選為美國最優秀研究員，2000年又獲白宮邀請參加「二十世紀重大發明的新紀元時間錦囊」計畫，更被「世紀動力」選為本世紀在氣體及電力方面最具影響力的一百位人士之一。

馳騁得更高更遠。

別人看他

訓練學生思考，實驗室設賭局

「以他的地位可以不需要這麼用功，但朱先生還是非常努力。」中研院物理所所長吳茂昆、朱經武口中「有狗屎運的小子」，這樣形容他的指導教授朱經武。師徒兩人共同發現高溫超導體，開啟材料物理學的新頁。他們是中研院院士中的「師徒檔」。

一九七七年，朱經武和吳茂昆同時進入美國休士頓大學。初見面卻是在狹窄的電梯中。吳茂昆回憶，當時看到的是一個「個頭小小的年輕華人」，感覺不太像個教授。

吳茂昆找系主任，說自己想研究超導體。系主任說這學期剛好新聘了一位做超導的教授朱經武，「你可以跟他談談。」進入朱教授的研究室，吳茂昆赫然發現，那天在電梯裡看到的年輕人，正是朱經武。

朱經武只比吳茂昆大八歲，兩人同在休士頓大學合作研究六、七年。在吳茂昆眼中，朱經武是一位「一直在追求卓越的科學家」、「總是用功、努力朝目標不斷前進。」

當時是朱經武研究室的草創階段，他除了上課、出國，連週末幾乎都待在實驗室。吳茂昆記得，老師經常是第一個進實驗室的人，早上七、八點就到，一直工作到晚上七、八點。由於「老闆」這麼嚴謹，手底下的研究生也很難偷懶。

在學生眼中，朱經武「親切和氣，卻略帶嚴肅」，他不兇，但對任何事都不隨便；學生私下暱稱他「老朱」，但當面仍是誠心恭敬地稱他「朱先生」。

「感恩節到老朱家混兩餐」是研究生津津樂道的往事。朱經武很照顧學生，年節常會找學生到家裡聚會。在感恩節，午餐一定是火雞大餐，之後大家聊天、打橋牌；到了晚上，朱經武夫人會特別用中午留下來的雞骨熬稀飯，讓遠在異國的留學生也能嘗到家鄉味。

朱經武的實驗室也經常會有「賭局」，在實驗數據還沒出來時，他常常會跟學生「賭」下一個數據會上升或下降，賭注通常是一碗牛肉麵。這種賭，不單純只是憑空猜測，而是朱經武訓練學生思考、瞭解背後假設的方式。

▼朱經武擔任香港科技大學校長期間，從未間斷物理研究，十足科學家本色。陳競新／攝影

他的心願

接掌港科大，美中台科技橋梁

「要有獨立思考能力，但也不能忽視與人群合作的關係。」朱經武曾經這樣勸勉年輕人。在學生吳茂昆眼中，朱經武在實驗室裡是位嚴謹的學者，「但他的觸角很廣，容易與人建立良好的關係。」

觸角廣、人際關係好，除了可以爭取到更多的研究資源、為學校募得更多捐款，也象徵著朱經武開闊的視野與胸襟。八年前他答應接掌香港科技大學的原因，除了港科大有成為世界一流大學的企圖心，以及香港政府有心推展高科技外，他也認為香港位置特殊，可以促進大陸、美國、歐洲，以及台灣的合作，「去港科大是貢獻自己所長的好機會。」

「我在美國那麼久，發覺海峽兩岸及港澳地區互相瞭解不夠」，他認為，如果盡一己之力可以縮小這些鴻溝，「是很值得做的事。」

他認為，香港的位置很特別，不管哪裡來的人，都能在這裡得到溝通的機會。朱經武也告訴學生，目光焦點不能只局限在香港、大陸，應該是放眼全世界。

朱經武說，民間交流，有助於不同社會的相互理解，「兩岸之間須體諒各自不同的歷史發展背景，才能共創雙贏。」

他曾說，希望自己能扮演美中台三方科技發展交流的橋梁，利用自己科技的專

▲（圖左）朱經武在香港科技大學擔任校長八年，成功讓香港科大發展得更國際化。陳競新／攝影
▲（圖右）朱經武（中）在香港科技大學擔任校長平易近人，很喜歡跟年輕人輕鬆互動。陳競新／攝影

長，加上在兩岸科技界的人脈，促成超導科技應用在亞洲開花結果，「當然，民間交流的成果要慢慢來的。」懷有遠大抱負的朱經武，也不失務實的一面。

【聯合報記者陳競新、李承宇】

朱銘

刻到金石也開口

從山城牧童到國際級藝術大師，朱銘身上同時散發出鄉土氣息和大師風采。清瘦結實，乍看像莊稼漢，開口卻像哲學家。

莊稼漢外表，開口像哲學家

微雨的北海岸，坐落金山的「朱銘美術館」雲霧縹緲。漫步園區，他為新作「科學家」下註腳：「藝術家和科學家一樣，都在尋找前所未有的創發。科學家往大自然、宇宙尋找，藝術家往內心尋找。這要靠修行，沒人能幫你。」

朱銘自封為「藝術公務員」，近年隱居在清境農場深山創作，謝絕訪客與電話打擾。每天清早六時起床一直做到下午六時收工，唯一的嗜好是泡茶。曾經因埋首創作、長達一年餘「忘」了回台北。

可他也具備企業精神：「藝術家好比上市公司，收藏家買了你的創作，就像買股票，是等它增值。所以藝術家不能隨性愛做不做、讓公司倒閉，是要負社會責任的。」

朱銘

1938年：出生於苗栗通霄

1953年：拜雕刻師李金川為師

1956年：北上到基隆佛具店工作

1968年：拜雕塑家楊英風為師

1976年：在歷史博物館舉辦生平首次個展

1981年：獨自到美國紐約遊學

1999年：在台北縣金山成立「朱銘美術館」。第二年獲得日本東京創新大獎（Tokyo Creation Award）海外獎

1977年起：作品遍及亞洲、歐洲、美國及大陸展覽

2009年：發表新作「科學家系列」

追尋藝術，不做工藝生意人

二十多歲時，朱銘經營過工藝廠，因欠缺做生意的技巧，周轉不靈，工廠結束。他下定決心「不做工藝生意人」，專心追尋藝術。他一邊工作還債，一邊努力創作，在全省美展獲得特選第三名及優等獎，友人簡瑛舜讚賞他才華，脫口而出：「你應該找楊英風。」

朱銘早已心儀楊英風多年，但楊英風已是藝術大師，仰之彌高；朱銘只有小學畢業，想拜「在五所大學任教」的楊英風為師，無人肯引見。

歷經兩三年苦尋，三十二歲那年，朱銘終於打聽到楊英風家地址，鼓起勇氣帶著以他生命中最重要的兩個女人（母親、妻子）為題材的「慈母像」、「玩沙的女孩」，按了楊家的門鈴，當場表明「想一輩子追求藝術」，感動了楊英風收他為徒。

沒有楊英風，就沒有朱銘

「沒有楊英風，就沒有朱銘！」楊英風改變了朱銘的一生，就連「朱銘」這個名字都是楊英風取的，為的是和原來在工藝界小有名氣的「朱川泰」本名有所區隔。

朱銘說楊英風「教我千萬不要學他」。朱銘在原有的工藝領域已臻於頂尖，一度考慮捨棄傳統、師法現代藝術；但楊英風認為傳統雕刻技巧習來不易，重要的是要把技術晉升為藝術。楊英風重靈性的理念深深影響朱銘：「講到最高境界，藝術是一種哲學。」

朱銘跟隨楊英風七、八年，白天跟隨他習藝，晚上回家雕刻工藝品外銷養活家計，深夜又忙於創作藝術。朱銘將水牛和關公化為藝術，恩師刻意「讓出檔期」，在歷史博物館舉辦生平頭一回個展，備受藝評矚目。史博館前車水馬龍，朱銘一炮而紅。

這時正逢台灣鄉土運動，朱銘卻決定把鄉土題材丟開，另發展「太極」系列。新風格讓他蜚聲國際，卻招來背離鄉土的質疑。

「太極」構想源於楊英風看朱銘瘦削體弱，雕刻卻極耗體力，建議朱銘練太極以強健體魄。朱銘從練習中領悟太極真諦，轉化成嶄新的藝術語彙，進軍國際舞台。

▼朱銘（右二）首次辦個展即一炮而紅，恩師楊英風（右三）厥功甚偉。

▲朱銘的「太極」系列，蜚聲國際。聯合報資料照片／林秀明攝影

正當「太極」發展臻於極致，四十三歲的朱銘，卻隻身到紐約遊學去了。當時他「一句英語都不會說」，憑著膽識去「跟國際接軌」。

一年兩個月的紐約行，是他發展「人間」系列的關鍵，二十多年來，他將對芸芸眾生的觀察：三姑六婆、運動員、三軍、科學家……一一呈現在創作中。

太極、人間，只因捨得「丟」

「我善變所以常換招數。」朱銘自剖，「不想變的藝術家，我懷疑是沒有才華或捨不得現在擁有的，有些人放不下別人已經接受的藝術，丟不掉，而我最大的本事就是『丟』。」

朱銘早年擅長木雕，有了成績後，他丟掉木頭，追尋不同材料，從石頭、保麗龍、泡棉到不鏽鋼……，都試過。「如果在木頭裡找不到答案，就換一種材質，要刻到它開口講話；如果它講不出新鮮內容，就換一種。」

他也不惜「丟」高薪、高職。跟隨楊英風之前，原已領有高薪，他拋下了。

在台灣藝大任教兩年後，拒絕續聘之邀，因教書佔據太多創作時間。

忘我淨空，深信藝術即修行

和「丟」相輔相成的是「忘」。朱銘要丟掉李金川、楊英風的影子，進入忘我境界。「必須先將腦筋淨空以後，才有自己。」歷經四十餘年淬煉，朱銘發展出一套「藝術即修行」的美學觀，「修行就是生活態度、工作態度，這是一致的。」

藝術不只是修行，也是朱銘及全家人的生活。朱銘的老妻近年來也拿起彩筆，長子朱雋是雕刻家、次媳吳素美擔任朱銘文教基金會執行長。金融風暴發生後，募款不易，但他保證，美術館「不會關門啦，放心！」

如今的朱銘波瀾不驚，「下一個創作主題是什麼？」他瀟灑回答：「什麼都可以刻。」七十出頭的他已臻「從心所欲，不逾矩」的境界，「再也不會被任何材料和題材限制了。」

親友眼中的他——鄰家歐吉桑

再忙，也要和朋友說說話

朱銘當年拜楊英風為師，楊英風問他想學多久。朱銘回答：「一輩子。」他交朋友的態度也是如此。

二十多年前，本業是醫檢師的文史工作者鄧相揚結識了朱銘，他擔心自己「沒受過寫作訓練」，有心寫報導文學又深怕寫不好而躑躅不前，朱銘就以自己和素人藝術家林淵為例，鼓舞他要「勇於突破」，他真的辦到了，還曾獲報導文學獎。

鄧相揚透露，朱銘寧可「躲掉」重要貴賓，也要撥冗跟好友聊天，還常再三強調：「朋友是交一輩子的。」讓他感動不已。

朱銘對自己十年前為了安置龐大的材料及作品，「順其自然」開辦了佔地十餘甲的朱銘美術館，常戲謔自嘲「愈陷愈深」。其實他對開辦博物館一直相當鼓勵。鄧相揚曾經辦過以呈現霧社事件及平埔族文化為主題的博物館，朱銘雕了以「莫那魯道」為主角的木雕相贈，以實際行動獎勵他。

跟朱銘結緣數十載的新象許博允，是最早把朱銘的雕刻藝術推介到香港的藝術經紀人。當年許博允原是情義相挺，並未言明報酬，結果朱銘在香江大受歡迎，於是非常豪氣地包了個大紅包給許博允。

十多年前，許博允主辦二王一后「跨世紀之音」演唱會負債上億，朱銘得知後，創作以二王一后為素材、取名「跨」的銅雕供新象義賣。許博允對朱銘「朋友有難，就來救災」的義氣念念不忘。

在屬下眼中，朱銘的執行力和企圖心都超乎想像。朱銘美術館執行長馬幼娟跟隨朱銘十年，感觸特別深。她認為，一般人以為藝術家浪漫、做事光憑靈感，朱銘不然，「他是一步步設定人生目標」，做事劍及履及。但他私下為人，又不會有大師架子，「就像住隔壁的歐吉桑一樣」，可以跟人話家常，親和力一級棒。

那年二十歲……心儀黃土水

刻牛先拍牛，不惜逃家換美展

二十歲的朱銘一心想當藝術家，從早刻到晚。他白天刻些「顧三餐」的雕花屏風，晚上刻參加美展的創作。這機會是他「逃家」換來的，他得緊緊抓住。一向孝順的朱銘在十九歲時做出了驚人之舉。他不想在家幫大哥打鐵賺錢，只想雕刻創作，於是逃家北上，到基隆佛像店鋪呷頭路，「天天像牛一樣打拚工作。」

本名朱川泰的朱銘，出身苗栗通霄，他是「老」爸、「老」媽的結晶，出生那年，父母年紀加起來九十二歲，他的小名就叫「九二」。

二次大戰末期，上小學的朱銘常得躲空襲，下課後放羊，功課一塌糊塗，「只有歷史課和體育課成績最好。」上歷史課時，他依著課本裡的文天祥、孔子畫像依樣畫葫蘆。「大哥竟然不相信是我畫的，還張貼起來。」

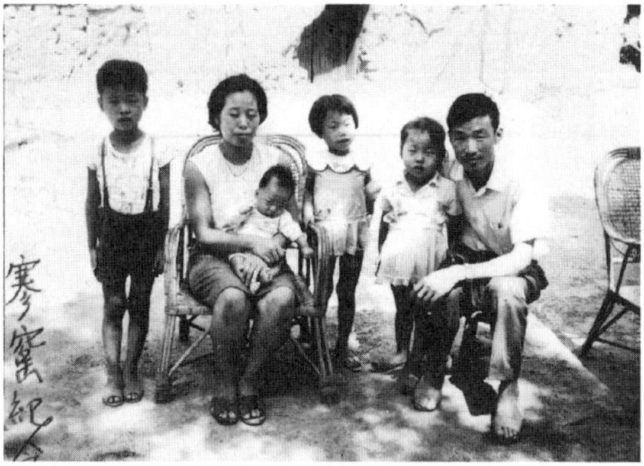

▲ 朱銘破產後，全家搬到大甲，全家福照上寫「寒窯紀念」。

十五歲那年，通霄鎮翻修媽祖廟，請來專精廟宇雕刻的李金川。朱銘父親要他學木雕，拜入李金川門下，「當年的師兄弟比我聰明，學歷比我高的多得是」，但他是唯一會「考倒」師父的。

朱銘困惑為何老是刻平面雕花，好奇問：「我們為什麼不刻立體的牛或人呢？」當年立體雕刻沒有市場，但師父回答：「你想學，我可以教你。」

隔一陣子，朱銘又問：「我們的雕刻可以參加展覽嗎？」師父脫口而出：

「不行喔。」朱銘反問：「為什麼？」師父愣了一陣子回答：「要刻得像黃土水才可以展覽。」於是，凡跟黃土水有關的文章，朱銘一律留著做資料，已過世的黃土水成了他的「精神導師」。

當時「學院派」著重寫實，想入選全省美展、台美展，就必須運用學院派的刻法。為了精進寫實的功力，他租了一架相機，「拍牛刻牛、拍雞刻雞。」

十八、九歲出師以來，他心中認定「唯一出路是參展」。雖然被退的件數遠比入選、獲獎的多，就在跌跌撞撞的摸索過程中，他一步步邁向藝術家之路。

▲ 年輕時的朱銘大刀闊斧，劈開巨木的架式十足。

給年輕人的建議

・要像我這麼打拚才會贏，我的工作量比三個年輕人加起來還多！

・要忘掉從別人那裡學來的，但並非要你別學習。沒有經歷學習的過程，光靠本能創作，發展會受局限。要先學習再忘掉，留下的是智慧，這是必經的創作歷程。

・丟與忘，是最重要的課程。學得太久了，必須先忘掉，才能找回自己。

・要學活的藝術，不要學到死的藝術。

・創作以前要先做好研究，等真正創作時，就不可以想。不要去想，必須渾然忘我，要像打坐在很安靜的地步。

【聯合報記者周美惠】

李宗盛

十四歲學E和弦，彈出一首首李宗盛

大家尊他為「大師」，他喜歡自稱「小李」，親近而佩服他的人叫他「大哥」。但不管什麼稱號，「李宗盛」三個字，在近代華語歌壇裡，就是鐫刻在那個位置、一個沒幾人能比肩的地帶。像他的好友張艾嘉說的：「每個人心裡，都有一首『李宗盛』。」

這一切的音樂傳奇，其實是開始於一個C和弦。李宗盛在那個長著痘子、不愛說話、沒有朋友、「很遜」的慘綠十四歲，有天跟著鄰居陳明章（後來成了知名音樂人）學了一個吉他的C和弦。於是，人生後來種種，都從這個和弦開始。

儘管都有了白髮和老花眼，（擅寫情歌的李宗盛竟然會老！）李宗盛笑起來仍

李宗盛

身分：音樂創作人、歌手、製琴人

生日：1958年7月19日

學歷：明新工專

經歷：木吉他合唱團、滾石唱片、李吉他工作室

感情：與朱衛茵育二女、與林憶蓮育一女，現單身

作品：太多了——凡人歌、生命中的精靈、和自己賽跑的人、領悟、陰天、飄洋過海來看你、愛情有什麼道理、那一夜你喝了酒、夢醒時分、讓我歡喜讓我憂、不必在乎我是誰、愛如潮水、我是真的愛你、傷痕、為你我受冷風吹……等

然有些憨。他兩手一攤：「我是個沒出息的小孩，開竅得很慢，在學校功課不好。國中考高中，兩次都考不上。」

「我沒什麼音樂背景。」寫出許多情歌的李宗盛說，勉強能算的只有讀北投新明國中時是軍樂隊指揮，平時就聽聽西洋歌，還去考國立藝專理論作曲，沒考上——「我哪懂什麼理論作曲！」

工專讀七年，選擇做自己

已是「後中年」的「小李」在部落格曾經寫著：「我在初三那年還答不出（a+b）的平方是啥。……我清楚記得我母親在做晚飯時，知道她的獨子再次落榜時的失落無言。……（工專）掙扎七年不斷重修學分，想的是給家裡個交代，而這個努力最終是徒勞的。」

李宗盛說，十幾歲的孤獨男孩只能悶頭自我分析、內觀，對著鏡子思考「我是誰、我的價值在哪裡」，而這些思考都沒有出口。

如今想來，他說：「隱約覺得自己不是真的那麼笨，我只是不懂微積分而已。」他笑起來：「那個時候真是莫名其妙的自信。但『自我肯定』是自己給的。」因為「我沒有能力成為別人想要的樣子，所以我只能選擇做自己。我開始去想像一個自己的樣子，一個我自己會接受、喜歡的、李宗盛的樣子。這成了我工專七年最要緊的事」。

怕死送瓦斯，拚成音樂人

這些體會，讓他後來為像他這樣「年輕時很遜、被大家看衰」的同類人（諸如好友張培仁），寫下〈跟自己賽跑的人〉：「雖然在你離開學校的時候，所有的人都認為你不會有出息……成功的意義就在於超越自己。」歌詞約莫就是年輕小李對自己說的話。

沒有朋友，但有吉他。他把心裡的話都說給琴聽。他寫著：「這世界是如此喧譁，讓沉默的人顯得有點傻，這些人是不能小看的啊，如果你給他一把吉他。」手上有了吉他的李宗盛果然不能小看。在還不能向家人「證明有賺錢本事以前」，李宗盛邊念工專，邊幫忙父親的瓦斯店，「穿過臭水四溢的夜市」送瓦斯，邊在小房間裡用所有學會的和弦寫了生平第一首歌〈結束〉，還和鄭怡合唱，生平第一擊居然大紅！

◀「瓦斯行老闆之子」李宗盛，示範扛瓦斯的專業姿勢。陳瑞源／攝影、聯合報資料照片

「我真是個少年得志的人。」李宗盛給自己下個註腳。那年他二十二歲。組了「木吉他合唱團」，也加入改變他一生的滾石唱片，「這是我人生第一個轉折。」送瓦斯男孩就此成了音樂人。

在那個一切都不確定的時

候，曾經覺得自己就一輩子送瓦斯嗎？半百的李宗盛大喊：「會啊！我怕死了！所以，我拚命寫歌啊。就怕如果下張專輯不紅，我就要回去扛瓦斯了。」

每首歌都中，小李變大師

他說：「你知道，我在錄音室是很大的」，有冷氣、有地毯，還有自己的辦公室——「我生平想要的，就是一張辦公桌！所以，念工專時我還訂一堆《天下》等管理雜誌，就是幻想以後像個上班族，不用晚上十點，你洗好澡，穿著拖鞋，舒服地坐著，突然電話來啦：『喂，送一桶瓦斯來阮厝。』」

後來，他開始被叫做「大師」了，他的辦公桌成為影響當代華語歌壇的基地。在他手裡，沒有明星不紅，沒有歌曲不中，「我那時像印鈔機，每首歌出來，滿杯滿缽地賣。」怕顯得太志得意滿，他解釋：「那個時代的人，已經習慣我音樂的formula（公式）、recipe（配方）。」聽眾就愛他這一味。

但這一切並非輕易。「老實說，每次寫歌，都是死去活來。」

爆出新戀情，三十五歲寫〈遠行〉

例如，許多人愛的〈陰天〉，足足寫了一年。「我的吉他最知道這歌原本有多難聽，吉他最知道我的走投無路。」一首歌紅了，要再寫下一首；這張專輯賣百萬張，下張要兩百萬……。歌約、銷售量一路追趕，「這種生活太瘋狂了。」

三十五歲那年，李宗盛決定離開。那是他人生的第二個轉折。

那時，正好爆出他和當紅歌手林憶蓮的戀情。但他說：「我想走，不是因為這個。」而是，「我要整理人生好多issues（議題）。」他寫下〈遠行〉：「我需要安靜下來，想像未來，如何安排。……我已經累了，我需要離開這舞台。」於是，他去了加拿大，然後到香港兩年。

▲ 兩任前妻朱衛茵與林憶蓮都是小李繆思來源。陳瑞源／攝影、聯合報資料照片。

那幾年，音樂環境丕變。當他再回到音樂界，商品邏輯已經不同：「人和歌都要快紅，然後讓人很快忘掉，才能再買下一張。我是老派的製作人，我想，我對滾石沒有幫助了。」他離開待了十七年的滾石唱片。

移居北京，開始學做琴，是人生另一個轉折。二〇〇三年，他成立吉他工作室。四十歲前做音樂，四十歲後做琴。回首來時路，李宗盛說：「我始終沒有離開音樂，到今天，我還是認為我是十足的音樂人。」

人生再轉折，四十歲後做琴

歌癮來了，「小李」還可上舞台彈彈唱唱。最近與羅大佑、周華健、張震嶽合組了「縱貫線」樂團；靈感來了，寫的歌還是被歌壇視為重量級寶貝。他看看一手發掘的「五月天」製作母帶，也還是能指導指導後輩。

摩挲著木吉他，李宗盛仍是當年的憨笑

▼ 移居北京的李宗盛學起做琴，正埋頭打磨手工吉他。聯合報資料照片

表情：「我只是個，簡單的，寫歌兒的人。」

青春到中年

因孤獨而傾聽，因信仰而謙遜

二十歲的李宗盛，是笨拙而且寂寞的。

他清楚記得，二十歲生日的那天下午，那個籃球場上孤單的身影。長了一臉青春痘，沒有呼朋引伴的生日派對，只有他和籃球，孤單地跳投、帶球上籃，「打了兩小時。」沒有人在乎李宗盛那天滿二十歲了。

「那時候，我很遜。」李宗盛說，沒有女生理他，男生也覺得他不夠炫。多次重考，二十歲還在念工專，出去聯誼，他是落單的那個。

「當所有跡象都顯示我將是一個失敗的人的時候，我選擇沉默。因為我不知道要說什麼。失敗的人是沒有說話的權利的，當然也不會有人願意聆聽。」

▼跨世代新組合的「縱貫線」，包括：羅大佑（左起）、張震嶽、李宗盛與周華健。林秀明／攝影

但是，回想起來，那段孤獨，給他許多觀察別人、理解自己的機會。「因為孤獨，所以有很多時間傾聽自己；因為沒機會加入熱鬧的群體，所以能更專心去完成心中的那個自己。」

李宗盛說，這些年少經驗，都和現在的年輕人太相反，「現在的小孩太放了，只往外看，不會看自己內心。我到現在還是常常注視著鏡子裡的自己，左看、右看、從上看、往下看，弄清楚這個『我』到底是什麼。」

宗教也是支持李宗盛走過人生低潮的重要力量。「我阿公是北投的牧師，我們是基督徒家庭。」他年輕時曾想傳教；二十二歲開始寫歌、大賣，「每寫完一首，我一定禱告感謝上帝。」因為信仰，讓他謙遜，不會被拱成「歌壇神主牌」卻走不下來。

年輕的李宗盛在想：「我是誰、我將來要幹嘛？」步入中年的李宗盛說，年輕人要瞭解自己，才能瞭解世界，先和自己做朋友，從自己獲得力量。

他們都是……和自己賽跑的人

親愛的Landy看他：需要愛情

李宗盛曾經寫了一首〈和自己賽跑的人〉，第一句就是「親愛的Landy，我的弟弟」。這位「Landy」是和李宗盛相交二十三年的張培仁，兩人曾齊手打造滾石音樂王朝。最瞭小李的張培仁說，現在的李宗盛，還是需要愛情。

前「魔岩唱片」舵手張培仁，以四句話來形容老友：「忠於凡人感情的音樂人、專心致志的製琴師、沉醉廚藝的父親、北投瓦斯行的小弟。」

張培仁解釋，李宗盛的作品講的是平凡人的感情，這正是民謠的真諦，「他是台灣的城市民謠第一人」；李宗盛每天為女兒做便當，「他做的菜是unbelievable（難以置信）的好吃，如紅酒雞排、錫紙包鱒魚——那還是我們在加拿大釣了魚後就直接做的。」

張培仁說，儘管已經被華語樂壇視為「大哥」，李宗盛骨子裡還是北投那個送瓦斯的小弟，「他勤儉務實，生命中不斷往前跑。」

兩人像兄弟，但不是會對飲抱頭痛哭的那種感情，「我們很man的，不會吐苦水，他只會談他計畫，不會談煩惱。」例如，李宗盛在低潮時到了加拿大，張培仁以度假之名去探望，兩人就是沉默地並肩釣魚。

「他一路專心做他想做的事，對他來說，責任大於快樂。想做的事做到了，就有一定的快樂。」張培仁說：「而他最大的快樂，就是和三個女兒一起。」那麼，在他眼裡，李宗盛還需要什麼？張培仁想了想，干冒大不韙：「他，需要愛情。」

再年輕，要做五件事

・木匠。「我現在做吉他，也算是完成童年的夢想。」

・廚子。

・打鼓。
・農夫。「如果不走音樂，我也不想送瓦斯，我可以去弄個民宿。可以又當木匠、又當廚子。」在北京開「生活家的院子」餐廳，也算是成就部分夢想。
・傳教。他每寫完一首歌，都會祈禱感謝上帝，「有信仰，不管是哪一種信仰，人會humble，不會被『大師』名稱所迷惑。」

給年輕人忠告

・我曾經是失敗的年輕人。
・要有責任心。
・要有信仰，任何宗教都行。
・要專注。

【聯合報記者袁世珮、梁玉芳】

余光中

走過戰亂，鄉愁淬煉詩心

重陽，是詩和酒的日子，是登高避險的日子。九月九出生的余光中，也免不了顛沛漂泊；幸運的是，總有詩相伴。

余光中的波瀾人生，總是在不停的選擇中度過，有被動、有主動。抉擇的歧路隱在捲軸般的藏寶圖，一路攤開都是未知。

戰爭逃難，成了半個四川人

余光中的前半生，遇到兩次戰爭。「這兩次都是不容我選擇的，只能接受。」第一次是中日戰爭，還是中學生的他，無從選擇，就是逃難；一路從南京、蘇皖邊境、上海、香港、昆明到重慶，也因此認識了長江上游的風土人情。

四川人稱這些逃難者叫「下江人」，余光中說，就等於今日有人被視為「外」省人，本地人總是有些排外，但他非但沒被「排」掉，反而成了半個四川人，練出一口流利的川語。

余光中（左）與父母在上海合照。劉學聖／翻攝

余光中（左）童年時與哥哥余光亞合影。劉學聖／翻攝

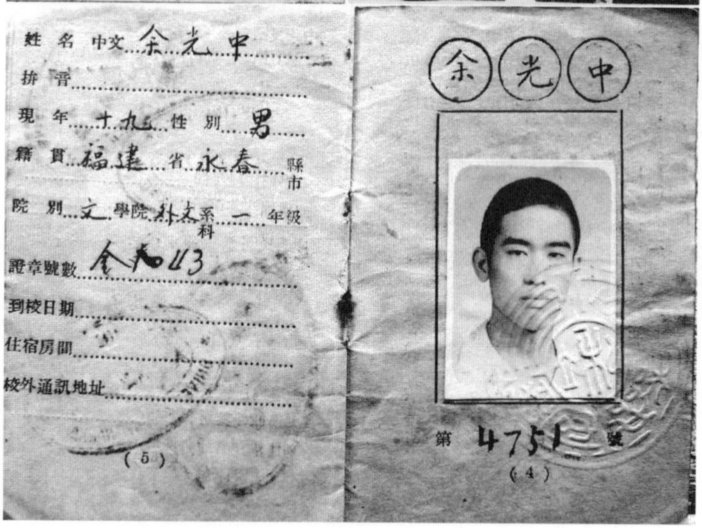

中學時期學生證。劉學聖／翻攝

來來去去，在台灣時日最久

第二次是國共內戰。一九四九年大陸變局，余光中決定來台灣。「當時的選擇是保守的，現在看來則是幸運的。」他說，如果當時留在廈門，路轉著路，今時就

不會坐在這兒了。來到台灣，不管政治怎樣，總還是中華文化的社會；不像大陸，文革一興，讀書人不知怎麼好。

之後在學人赴美浪潮下，余光中三度赴美，各待了一兩年，冥冥中就是要回台灣；去香港十年，又是回台灣，「我現在還是在台灣。」在台灣的時日，加起來是最久的，「這也是我的選擇。」

香港經驗，拓展對歐洲視野

在台灣、香港、美國三個地方都住得夠久，也都「到位」。余光中認為，香港經驗很受用，雖是左傾的社會，但讓他更認識大陸，更接近西方；由於香港曾是英國殖民地，也間接拓展他對歐洲的視野。

二十三年前，余光中到國立中山大學任教，向著西子灣的夕照，燃燒另一個金黃色的文學顛峰。

人生抉擇，慶幸自己都正確

面對人生每一個重大抉擇，余光中胸有成竹地說：「我，『都』選對了。」真的詩人的篤定，可能要讓那些終日為錯誤選擇懊悔悵惘者，捶胸頓足了。是上天特別的眷寵，讓您擁有每每正確選擇的能力；還是說，其實是在每個抉擇之後，您都告訴自己——這個選擇是對的！

余光中

・**年次**：1982年重陽節，生於南京。

・**結婚**：1956年與范我存結褵。

・**子女**：育有珊珊、幼珊、佩珊、季珊四女。

・**作品**：集詩詞、散文、評論、翻譯於大成，中西文學並重，著作等身。

・**影響**：詩作曾被兩岸領導人引述，作品入選台灣、大陸、香港、新加坡教科書。

詩人瞇起眼睛，想了想，笑著說：「都是吧！」前者是幸運，後者靠智慧，既幸運又有智慧，夫復何求？

妻子選對，兒女自然就對了

「還有一點很重要。」詩人說，妻子選對了，兒女自然就對了。

余光中在學府裡研究西洋文學，於文壇卻是創造中國文學。西洋文學與中文寫作，是他的雙元生命；在創作中又想把古典和現代調和起來。調和中西，兼擁古今，這種「雙重的雙元」，豐潤了余氏的文學樣貌。

他認為，中國文化要成長，就要接受外來的挑戰；現代文學要成長，也得接受古典的考驗。

▲余光中全家福。劉學聖／翻攝

解數學題，中文底子也要好

人靠語文表達思想，靠語文吸收知識。「中文不夠好，就會影響其他科目的學習。」余光中舉例，比如說一道數學：甲君有本金一百元，第一年損失了百分之十五，第二年就剩下的本金賺了百分之二十，到底輸贏多少？這題於數學計算，不難，但總要看得懂語意方能解出。

鼓勵青年，與中外古人交往

余光中表示，現今的文學傳播，訓練出許多「觀眾」、「聽眾」，而非「讀者」。許多年輕人不看報、不讀書、不寫信，思想只會愈來愈狹隘。

他鼓勵年輕人，多讀書、多與古人交往；吸收多重文化，提升自我。至於如何與中外古人交往？「自然要透過文字囉。」所以，語文真的很重要，詩人不厭其煩地再次強調。

迷披頭四，歌詞對他影響大

擁有眾多「粉絲」的余光中，是披頭四和武俠迷。「披頭四寫的歌詞，也是一種詩。」余光中說，音樂反映當時的生活，披頭四的歌很活潑，能把想像和現實結合，深深影響他。

愛武俠片，喜歡導演胡金銓

余光中和妻子范我存年輕時喜歡看電影，特別是武俠片，沉浸在武俠世界裡的忠義、俠客與忠良裡。兩人最喜歡的武俠片導演是胡金銓。現在年紀大了，懶得出門，轉而看電視的電影台。「常沒有一部片子是看完整的。」范我存說，不是錯過上半段，就是看不到結局；運氣好碰上重播，才終於從頭到尾拼湊全。從吉光片羽中累積全貌，也是一種樂趣。

不再熬夜，妻子成了報時鳥

年過八十，也不得不服老。余光中說，以前常熬夜工作，現在謹遵醫囑。妻子成了報時鳥，每晚十一點準時催促，早早上床睡覺。筆耕不輟，還是等待天明吧！

那年二十歲

初試啼聲，「沙浮」苦戀入詩篇

二十歲那年，國共內戰正熾，余光中和母親從南京逃往上海，又輾轉到了廈門。「時局非常動盪！」余光中回想當時光景，學生罷課、老師罷教，政治分子滲入到師生中，人心浮動。學運像一個個浪頭，青年浮沉其中，不知會被推向何方。

余光中對這些運動並不熱中，「因為我心中存有疑問。」他直覺，共黨政體不適合自己。在一個連思想都要箝制的政黨生活，文人如何能坦率從文？對一個已下定決心要成為作家的年輕人而言，他只有擺脫，才能暢言。

外頭的世界翻騰不休，余光中內在的詩心也蠢蠢欲動

「我站在高崖上，再深深吸一口氣，向愛琴海與夜空，投最後的一瞥。」在向著紫金山的窗案，余光中初試啼聲，完成了第一首詩作〈沙浮投海〉。二十歲的年輕詩人，想著希臘女詩人沙浮，苦戀著菲昂，卻被拋棄，鬱鬱投海而死。

不論外界如何紛擾，余光中有定見的朝作家之路邁進。在廈門「星光」、「江聲」兩報，陸續發表新詩和短評。

一甲子後，八十歲的余光中新作〈藕神祠〉，哀悼中國女詩人李清照：「蓮子雖心苦，藕節卻心甘，藕斷千年，有絲纖纖，嫋嫋不絕，仍一縷相牽。」

是獨鍾女詩人嗎？「倒也不是，巧合吧！」從小接觸古詩詞的余光中說，也愛李白、杜甫，少年時拜讀英國詩人濟慈、愛爾蘭作家王爾德作品，受到許多啟發。他尤愛兼擅詩詞、古文、繪畫、書法的蘇軾，可為文人典範。

別人看他

在蜀相戀，與妻獨處，川語傳情

抗日戰爭時，范我存到四川樂山投奔舅舅；余光中與母親也避戰亂到四川。第一次見面時，范我存才娉婷嫋嫋十三餘，轉眼兩人已相伴一甲子。

余光中和范我存都長在江南，不是蜀人，卻用道地的川語說情話。四川對兩人有著特殊意義，只要是兩人獨處，一定講四川話，成了不與外人說的默契。

▶余光中七十大壽與太太范我存合影。劉學聖／翻攝

余家上上下下、裡裡外外，都靠范我存打理；余光中管理的，唯有一大方書案，與車子的方向盤。詩人不挑食、不挑衣，「太太弄什麼，便吃什麼；給什麼，就穿什麼！」

范我存說，余光中全身行頭都是家人幫忙買，只一項無法代勞，「就是鞋子。」因為鞋子非得自己試，才知合不合腳。

多年前余光中因公到英國倫敦，同行的還有台灣高鐵董事長殷琪的文學家母親殷張蘭熙，與父親殷之浩等朋友。經過一家百貨公司，大家都忙著為親友挑禮物，余光中念起辛苦的妻子，也細細琢磨挑了件高雅的套裝。

「請問您夫人穿幾號呢？」這一問，可把連自己的尺寸都搞不清楚的詩人給難倒了。眾目睽睽下，余光中請殷張蘭熙移步向前，便是一個擁抱。然後不疾不徐轉身告訴店員：「比她大一號，謝謝！」現場都笑彎了腰。外國人也算見識到中國詩人的浪漫與幽默。

「他有時很古板，有時很活潑！」范我存這麼形容另一半。余光中難得秀出保存了七十年的上海醒華國小四年級成績單，各科優異自然不在話下，老師的評語是

——溫文和雅。

外人常覺他嚴肅，行事一本正經；滿頭華髮和重重頭銜，更添距離感。不過，泱泱大師風範，也曾被隻「鬧學堂」的猴兒引出了頑性。

話說余光中有回正在中山大學後山文學院三樓講課，一隻柴山獼猴闖進來撒潑，男生手足無措，女生花容失色。余老師一個箭步上前，湊近麥克風對著這隻來攪局的臭猢猻大吼：「滾出去！」猴兒見眼前非易與之人，在洪音中踉踉蹌蹌竄了出去。

下回，如果猢猻懂得低調潛進，乖乖蹲踞教室後方。也許，白髮詩人也樂意一齊教化呢！

再年輕，要做五件事

- 多學兩種語言（也許選南歐的義大利語、西班牙語）。
- 學一種樂器。
- 勤習繪畫。
- 細觀星象。
- 嘗試當賽車手。

【聯合報記者徐如宜】

章詒和

寫史憶故人，用筆勾住魂魄

打《往事並不如煙》開始，章詒和說了一個又一個的故事——儲安平、羅隆基、張伯駒……一篇篇美麗淒迷的老故事，迷濛了讀者的眼睛。她就像《一千零一夜》裡的波斯王妃，心裡藏著說不完的故事。然而她說：「我最想說的，是我自己的故事。」

一生經歷天堂、地獄、人間

「我別的本領都沒有，就只會說故事。」初冬的北京，章詒和在住家附近的星巴克接受採訪。她擁有一雙比六十六歲年輕很多的眼睛，眼神清亮銳利，彷彿能一眼把人看穿。

《一千零一夜》的波斯王妃，為了躲過被國王處死的命運，在夜裡訴說一個個故事。章詒和說故事，也是為了對抗死亡的陰影；她筆下那些高貴細緻、像刻在青花瓷上的故事，也是在監獄的漫漫長夜中誕生的。

章詒和 作家、戲曲研究學者

・1942年生
・安徽桐城人
・中國戲曲學院戲文系畢業
・著作：《往事並不如煙》、《一陣風，留下了千古絕唱》、《伶人往事》等

▲ 陳宛茜／攝影

我這輩子，經歷了天堂、地獄、人間三部曲

章詒和的父親章伯鈞，是中國民主同盟（簡稱民盟）的創辦人。民盟是在國民黨與共產黨之間的「第三勢力」。

一九四九年後，象徵民主的「民盟」一度被共產黨重用，章伯鈞歷任交通部長等重職。章詒和隨父親搬進北京一處擁有七十九間房的大四合院，開始她天堂般的快樂童年。

章詒和的母親李健生，原是章伯鈞第二任太太的妹妹。姊姊過世前，將妹妹託給了丈夫作續弦。學醫的李健生也是充滿理想色彩的知識分子。

然而篤信「槍桿子出政權」的毛澤東，容不下知識分子，一九五七年，章伯鈞被打成右派；文化大革命期間，章家多次挨鬥，章詒和更以「現行反革命」的罪名被捕入獄。

入獄第一天，立志寫下往事

「我從關進監獄的那一天起，就立志要把『往事』都寫下來！」讀過《往事》的人，往往驚嘆章詒和的記憶力；她鉅細靡遺地描述人物場景、細節動作，真正做到「歷歷在目」。其實章詒和的記憶力並非天生就好，中學時還曾因「忘性驚人」，創下失物三十四件的紀錄。

十五歲那年，父親被打成右派，章詒和被同學孤立，只能跟在父親身邊，記下

第三勢力的點點滴滴。二十六歲關入監獄後，在深沉的黑暗中，「往事」一幕幕在她腦海中上演。

「一個人孤獨到極點，孤獨就成為力量，支持你去記憶、去寫作。」

另一個支撐章詒和寫作的力量，是「不容青史盡成灰」。歷史是選擇性的記憶，國民黨記國民黨的歷史，共產黨寫共產黨的歷史，不左不右的第三勢力，卻在歷史上蒸發了。

章詒和講起也屬第三勢力的堂哥章培毅。國民黨特務將他關進重慶的渣滓洞看守所嚴刑拷打，還把屍體丟進硝水裡。渣滓洞慘劇曾被改編成小說《紅岩》與知名連續劇，「裡頭完全沒有提到他！」章詒和知道，再不用筆勾住亡靈的一點魂魄，這些人曾有的豪情壯舉，就會在時間的硝水中屍骨無存。

寫人物鮮活，不拘泥於史料

章詒和身邊總是堆滿了史料；她每天花七八個小時泡圖書館、到潘家園買古書。她卻強調自己寫的不是「歷史」，而是「人物性散文」，認為「非史非文，模糊點好」。她其實胸懷比寫史更大的野心：「這是對歷史的一點矯正。」

章詒和原本是想念歷史的。她的第一志願是北大歷史系，卻因家庭背景，最後進了中國戲曲研究學院戲曲文學系。

這或許是上天的安排。戲曲多取自野史，介於史與文之間，卻比正史活潑、有人性，影響有時更為深遠。學「戲」而非「史」的章詒和，以不拘泥於史料的筆法，寫活了歷史人物。

十年磨一劍，出手豔驚四座

一九八〇年代，章詒和從地獄回到人間。沒受過文學訓練的她，是用土法煉鋼的方式寫「往事」。以史良為例，她在本子上一條條記下腦中關於史良的所有細節，再重新組織這些細節。

北大中文系畢業的第二任丈夫馬克郁，是她的讀者兼老師，常笑她「說的比寫的好聽」。

章詒和一遍又一遍地重寫、編排情節，同時大量閱讀文學小說、期刊。十年磨一劍，一九九二年她完成第一篇〈憶張伯駒〉；再過十年，她在朋友介紹下，把「史良：正在有情無思間」登在《老照片》月刊，這才舉座皆驚。《往事並不如煙》一出場便豔驚四座，章詒和卻足足練筆二十年，應了那句梨園俗諺：「台上一分鐘，台下十年功。」

章詒和曾向山水畫家潘素習畫，她的文筆像畫筆，色彩層次豐富，意境高遠清雅；「戲曲最重視人物形象」，她研究戲曲多年，下筆總是細細描繪人物的衣著打扮、舉止神態，形成特殊的「章腔」。

最後一本要寫自己的故事

傳統戲曲舞台上，角兒上場，要先用最美麗的姿態向觀眾「亮相」、博得滿堂采。章詒和筆下的人物，總是先用光彩照人的姿態向讀者「亮相」，縱使接下來的命運是如何灰暗悲慘。

章詒和透露，她的本子裡還有十幾個人沒出場。她正在寫《往事不付紅塵》，是《往事並不如煙》續集，「會好好談一下羅隆基的戀愛史。」下一本是監獄的故事，再下一本是黨派史，再來是章伯鈞年譜。「最後一本，應該就是我的故事了。」請等等，章詒和就要上場了。

那年二十歲

獄中十載，「只為父輩而活」

報考大學前，章詒和向父親請教填志願。一生熱愛政治，卻被政治玩弄於股掌之間的章伯鈞說：「只有藝術家和科學家是乾淨的。」章詒和進了中國戲曲研究院。

畢業後，章詒和被分發到四川川劇團工作，「每天寫字幕、賣票。」她和劇團樂師唐良友談戀愛，向政府申請結婚，也因家庭成分遲遲不准。

一九六八年，章詒和因為在日記批評江青「不過是個戲子」、「一人得道、雞犬升天」，被安上「現行反革命」的罪名。她逃回北京，父親告訴她：「你可以落草為寇，但一定要活下去！」章詒和回話：「關我十年，出來還是可以做事。」父親笑了：「是我的女兒！」

章詒和還是被抓回了四川。二十六歲的她到採茶場，過了十年「永遠處於飢餓狀態」的牢獄生活。她曾懵懵懂懂做了告密者，結果害人被槍斃。

「我告訴自己一不能死，二不能瘋。」章詒和說進了監獄就想著「我是為了父輩而活」，「往事」的燭火在她心頭亮著。

監獄給了章詒和奇異的勇氣。她說自己「除了殺人，什麼都敢幹！」兩年前的禁書風波，章詒和一度想拿個雪碧瓶裝汽油，衝進官員的辦公室。「我就這麼一『點』！」她做了個點火的動作，神態讓人想起戲台上「夜奔」的林沖。

她的愛情也像一齣戲。唐良友陪她逃到北京，又在鐵窗外等了她十年。出獄後章詒和被朋友「逼婚」，她卻倔了起來：「過去你不讓我辦，現在我偏不辦！」某天一時興起跑去登記結婚，半年後，唐良友卻因急性胰腺炎猝逝。

「半夜裡他突然大叫，我開燈，將他抱在懷裡，他已經斷氣了，右眼角緩緩流出一滴淚。」章詒和的語氣很平靜。

女兒是章詒和的另一個痛。她在獄中產下和唐良友的愛情結晶後，將她交給娘家撫養；出獄後，母女還是兩個世界的人。她交代記者千萬不能提她和女兒決裂的原因，表示「自己的後事將由律師辦理」。

一生以父親遺志為己任的章詒和，卻有一個老死不相往來的女兒，這真是命運無情的諷刺。

如煙往事

胡同拆了，故事還沒完呢

《往事並不如煙》的主要舞台，是章詒和位在「東吉祥胡同十號」的老家。根據書中描寫，我找到位在地安門東大街內的東吉祥胡同，卻怎麼也找不到十號。

隔了一條馬路是南鑼鼓巷，裡頭的東棉花胡同是儲安平住過的；再走十來分鐘便是什剎海，潘素、張伯駒的四合院，當年便落腳湖畔。

南鑼鼓巷與什剎海是北京推動文化觀光的重點，地圖上列了好多名人故居：齊白石、段祺瑞、孫中山、梅蘭芳、田漢……當然，名單上不會有章伯鈞、羅隆基或張伯駒。

東吉祥胡同七號裡，一個中年男子正在掃地。「早就沒有十號了，但宅子還在。你瞧，那棵最大的楊樹底下就是。這可是這裡最好的四合院，章伯鈞住過的。」

咦，你也知道章伯鈞？他點點頭：「文革抄家的時候，幾十輛卡車開出去，載的都是章伯鈞的書。」他領我到昔日的十號，一扇沒有門號的紅色大門深鎖，顯得淒涼。

「這個四合院有三進，大得嚇人……」怎麼這麼清楚？「開了好幾次批鬥會，小孩子常溜進去逛。」他還記得某個夜裡，章伯鈞的媳婦從屋裡跑出來，被紅衛兵拖了回去。

章伯鈞走後，十號先是萬里（中共元老）住過，現在給了高占祥（前文化部副部長）。曾經冠蓋雲集的東吉祥，如今只剩四戶人家。「十號也要拆，聽說要建一個新式四合院，肯定還是大官住的！」

北京的夜色來得特別早。下午不到五點，東吉祥便有一半沉進了黑暗。一面灰牆慢慢融入暮色，牆上紅字「離搬遷公告期結束還有七天」，閃著最後的微光。

這些四合院裡的老故事，還會有人接著說下去嗎？

其人其事

想做沉默的樹

如果人生能重來，章詒和說：「做人太苦了，我不想做人。」這輩子多次因言賈禍，她想改做一棵沉默的樹，「一半在土裡安詳，一半在空中飛揚；一半沐浴日月，一半灑落陰涼。」

在章詒和的書中，樹是知識分子的象徵。她曾記述父親告訴她，釘耶穌的十字架，就是用楊木做的，從此楊木就不停地顫抖。章詒和認為，「中國的知識分子就是楊樹，即使人已歸去，靈魂仍在顫抖。」

原東吉祥胡同十號的老宅裡，還留下一棵又高又大的楊樹，在歷史的風沙中顫抖著。

【聯合報記者陳宛茜】

▲章詒和說，這一輩子唯一會的本事就是說故事。背景照片中那扇朱漆木門，是她筆下東吉祥胡同十號僅存的印記，卻也面臨拆除的無奈命運。陳宛茜／攝影

張小燕

不想只演宮女，D咖磨成大姊大

縱橫台灣演藝界五十五年，張小燕的長青紀錄無人能破，新節目一出手，也總能創高收視率，「綜藝大姊大」的地位絕非浪得虛名。但接受專訪，小燕姊雙手作揖，笑容靦腆，一再謙稱：「我的人生只是一條小溪，不是什麼大河啦。」

五歲半進演藝圈，天生就愛攝影棚

張小燕五歲半就進演藝圈，八歲起連續三年拿下亞洲影展最佳童星獎，從拍電影、演電視劇轉型主持綜藝節目，幾乎是「觀眾看著她長大的」；她戀愛、生子、再婚等人生變化，都在眾人眼光中上演；她的世故、機敏、從不遲到的敬業、對後輩的寬厚、說話極為得體的功力，都是藝壇典範。

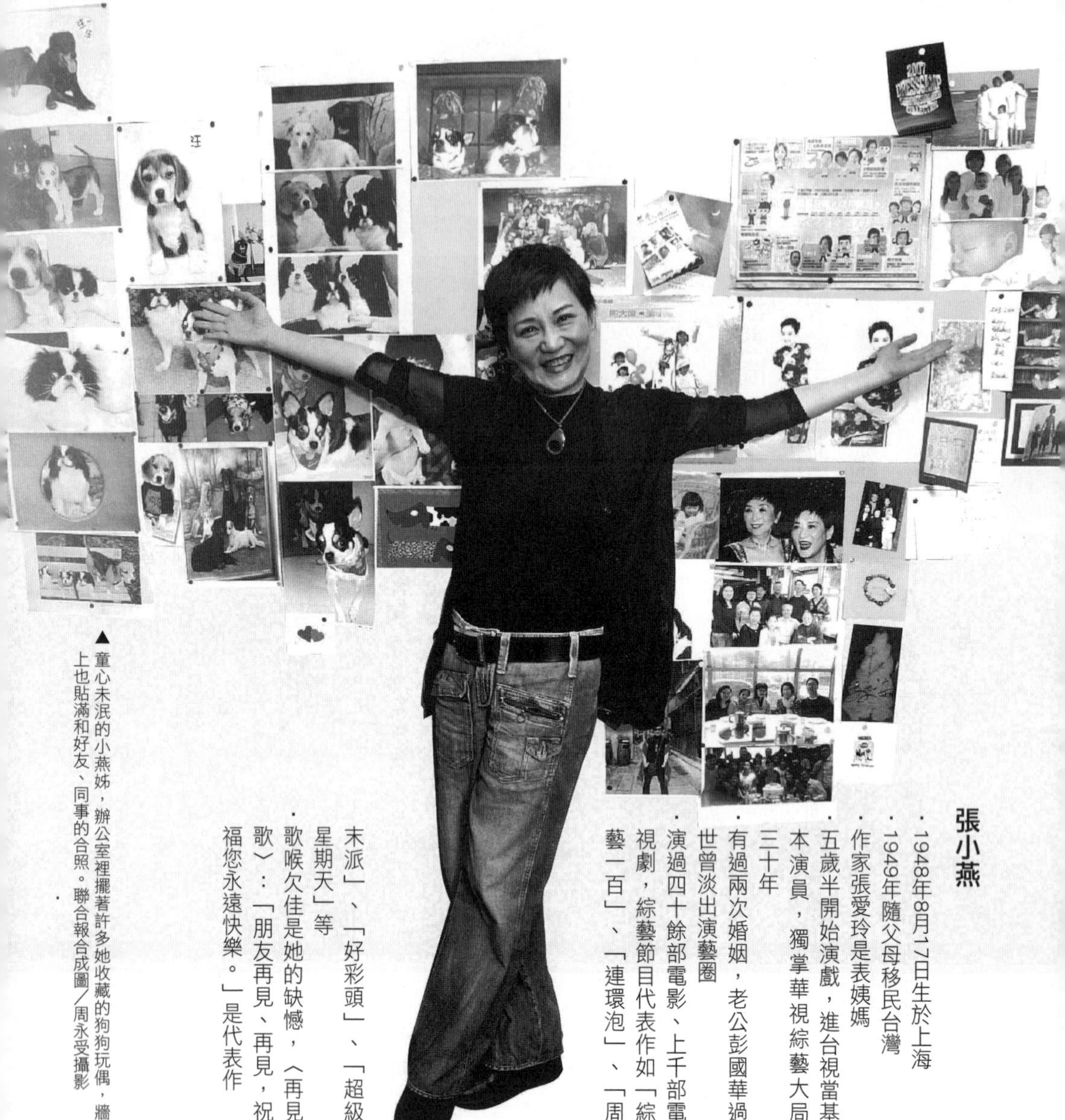

張小燕

・1948年8月17日生於上海
・1949年隨父母移民台灣
・作家張愛玲是表姨媽
・五歲半開始演戲，進台視當基本演員，獨掌華視綜藝大局三十年
・有過兩次婚姻，老公彭國華過世曾淡出演藝圈
・演過四十餘部電影、上千部電視劇，綜藝節目代表作如「綜藝一百」、「連環泡」、「周末派」、「好彩頭」、「超級星期天」等
・歌喉欠佳是她的缺憾，〈再見歌〉：「朋友再見、再見，祝福您永遠快樂。」是代表作

▲童心未泯的小燕姊，辦公室裡擺著許多她收藏的狗狗玩偶，牆上也貼滿和好友、同事的合照。聯合報合成圖／周永受攝影

張小燕成為童星，是個意外。「爸媽其實希望我好好念書、出國留學，可是我天生就喜歡攝影棚的氣味。」張小燕的父母親經歷戰亂，一九四九年舉家從上海遷徙台灣。張小燕清楚父母的期望，當童星拍戲之餘，還是用功直升靜修女中高中部，卻因為熱愛表演而停止升學，至今學歷是「高中畢業」。

張小燕記得，她從三歲起就愛手舞足蹈，上幼稚園看小朋友在台上表演，就會興奮莫名地跟著亂跳，曾向台灣舞蹈先驅蔡瑞月學舞，六歲拿到民族舞蹈冠軍。「我很小就知道自己要做表演這一行。」

張小燕的演藝之路很快就遭遇瓶頸。揮別童星，進入國中青春期的張小燕，滿臉青春痘、又矮又胖，「這時候還想演戲，誰理你呀！」

曾是「首席宮女」，不放棄，堅持到底

一直到二十五、六歲，張小燕都只有小配角的戲分，同期的陳莎莉當公主，她就演公主的「首席宮女」、「首席妹妹」，但「我已經很滿足，只要有機會演就很開心」。回首這一段，張小燕深深體會：藝人最困難的關卡，就是心態、體態和生態不成比例的時候。

高中沒畢業，張小燕有機會到韓國拍電影，毅然休學到香港等通知。「這是我人生最灰暗的時期。」張小

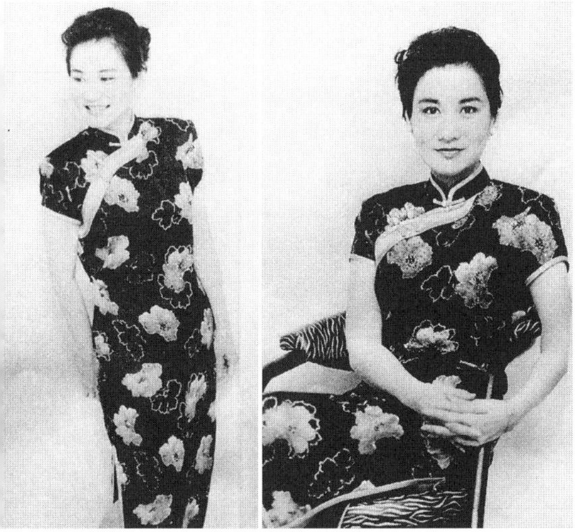

◀ 褪色的旗袍照中，清秀臉龐和纖細腰身，這是風華初露的張小燕。

燕在香港待了八個月，她利用時間，狠狠看了一百四十部中外電影，每一部電影都做筆記，全心投入，就想好好把握這次機會，但結果卻是空歡喜一場，讓她從此放棄電影。

「你就別幹這一行了吧！」父親張珍勸她出國念書，她卻意志堅定，打算進軍電視劇，總要一圓演藝夢。拗不過女兒的堅持，父親開出條件：「要靠自己的能力演出來，別讓我覺得你幹這行很丟臉。」

父親的尊重，讓張小燕如釋重負，放手一搏，拍了上千部電視劇。父親是她最忠實的粉絲，每拍一部電視劇，父親都會用剪貼簿整理剪報，最後在遺書上說：「我沒能給你什麼，只能送你這些剪貼簿，記錄你的演藝人生。」這上百本剪貼簿擺滿整個房間，是一位父親對女兒最真摯的寵愛，是張小燕千金不換的家產。

張珍是警察，「他影響我一輩子。」張小燕笑說，小時候只看傳記文學和《福爾摩斯》，不看《亞森羅蘋》，因為人稱「俠盜」的亞森羅蘋是警察要抓的小偷。

打擊從沒少過，靠樂觀向前走

「不拿不該拿的，靠自己的能力賺錢，這都是父親耳提面命的家規。」張小燕童年鉛筆盒裡就是兩枝筆、一塊橡皮擦，「絕不能多出什麼東西，不然爸爸一定會問『是哪裡來的』？」

小時候學跳舞，練得熟了，爸爸總要張小燕再多練兩遍，因為「熟能生巧，跳

▲ 小燕姊與母親眉眼神似，很多人都說她們像一對姊妹花。

兩遍跟跳五遍絕對不一樣」。爸爸的做事態度也傳承給她，每次錄影，張小燕總是早早就到，再三檢視造型、節目內容與來賓資料。

嚴謹的家教讓張小燕在五光十色的電視圈贏得「電視公務員」的稱號。她的表現敬業、篤實，不炒新聞，一樣贏得觀眾與同行喜愛，以及，難得的尊敬。

縱橫台灣演藝圈超過半世紀，張小燕爽朗的招牌笑聲常掩蓋她面對的逆境。

「我是被打擊長大的，從Ｄ咖到Ａ咖，張小燕是用很多ＮＯ、ＮＯ、ＮＯ堆積起來的。」她說，「電視是很殘忍的行業」，隔天就收到的收視率決定節目生死。她做過許多爛節目，沒幾天就撤下來，當然受打擊；只是她永遠往前看，「我沒停在那個爛點上，而是努力用好節目忘掉那個爛點。」

帶領許多子弟兵的張小燕篤信「英雄不怕出身低」的軟身段。

一九八五年當紅的「週末派」節目，其實企畫案被唱衰「不會紅啦」。但張小燕沒理會，就算是冷門的下午檔時段，她一樣全力以赴。

爆冷門地，「週末派」紅了，翻身攻佔週末黃金八點檔，「沒有下午檔就沒有八點檔，沒有首席宮女就沒有首席主持人。」張小燕用這種態度面對挑戰。

常以「學徒」自居，挑戰全方位主持

張小燕永遠在思考如何迎接下一個挑戰。在綜藝主持全盛時期，她接下中廣「小燕有約」節目，廣播和電視的主持費不成比例，但她一做就是六年。

張小燕認為，做綜藝節目強調臨場反應，做廣播節目講究訪談技巧、嚴控對話時間，而且要一針見血，「這工作強迫我用功，學做全方位主持人。」

最近張小燕重返螢光幕，主持「百萬小學堂」，被戲稱是「阿嬤級」的主持人，瞄準小學生的節目竟然創高收視率，又跌破一堆人的眼鏡。「小學生不認識我，我對他們而言是新人，如何抓住這群觀眾，是我給自己的挑戰。」顯然她又挑戰成功了。

「什麼時候要退休？」朋友問張小燕，以「學徒」自居的她總說：「我才剛剛學會，怎能退休？」其實她最清楚，演藝圈只有做不做，沒有退不退，「等到觀眾不看你了，不退都不行哩！」

破繭而出

主持綜藝一百，攀演藝高峰

二十歲那年，張小燕放下對電影的憧憬轉戰電視，試圖走出新的道路。她說，二十到三十歲是打基礎的十年，也是破繭而出的十年，熬出頭的祕訣就是「不放棄」。

張小燕笑稱，星途初期是「開高走低」，童星做得不錯，二十歲進電視圈，一直沒有亮眼的機會和表現，「做什麼都不被認可。」張小燕記得，當年小她六、七歲的林青霞早就紅透半邊天，自己演許多戲，卻經常是女主角在別的片場軋不來，要她臨時補上去的。

「心裡是有些不甘，但我總告訴自己『再試一下，還可以再試一下！』」沒有要角可演，有人邀她上兒童節目說故事，張小燕喜孜孜地說：「好啊、好啊！」只要是表演的機會，她來者不拒。

雖然不被認可，但張小燕強調：「我沒有放棄，這非常非常重要。」這十年，她不挑工作，儘可能嘗試，磨出過人的毅力和耐力。

在拍戲片場，有沒有椅子坐是區分大牌、小牌的重要指標，張小燕經常目睹藝人為了爭椅子耍大牌，她告訴自己：「有一天我變成大牌了，絕對不要這樣。」工作態度也逐漸養成，「所以這十年不是低潮期，應該是幫助我熬出頭非常重要的養成期。」

張小燕二十九歲才在台視闖出一片天，為了挑戰舊體制，張小燕跳槽華視，帶進節目外製的新作法，掀起電視節目的競爭風潮。

離開台視時，許多老搭檔依依不捨，要張小燕「去試試看，不好你就回來」，張小燕卻說：「我好了才會回來，不好更不會回來。」

沒想到，一九七八年張小燕推出華視處女作「飛燕迎春」，不如預期的收視率重創她的信心，質疑自己能不能再走下去。當時她接受命運的安排，乾脆結婚生子，幸好華視再給她機會，隔年的「綜藝一百」讓她揚眉吐氣，奠定在綜藝界的地位。

幾十年的演藝之路走得艱辛，張小燕深刻體會「努力要靠自己，機會需要別人給」。後來她挖掘後輩新秀，不但儘可能給他們機會，更懂得包容和養成，「師父領進門，路要自己走，要有耐心等他們發揮潛力。」

▲ 照片中的兩個人——彭國華和女兒貝怡儂，是張小燕的最愛。

別人看她

她的溫暖，好友知道

在好友眼中，張小燕是個有智慧、有擔當，對朋友有情有義、卻不麻煩人家的人。

「哈林」庾澄慶和張小燕合作主持八年「超級星期天」，他形容張小燕是「垃圾桶」，工作上的苦水、垃圾統統對著張小燕倒，是很有耐性的傾聽者。哈林觀察「小燕姊」待人和善、溫暖、間接、不露痕跡。

導演朱延平眼中的張小燕，是個從不麻煩別人的人。朱延平和彭國華、張小燕夫婦相識多年，也是鄰居。彭國華過世，朱延平不只一次說：「小燕，有事隨時找我。」但一次也沒有。

朱延平說，獅子座的張小燕，想做的就要做到最好；演戲、主持是這樣，後來接手飛碟電台、豐華唱片，也做得很好。

拍攝公益廣告的大好工作室負責人王念慈，形容張小燕是個「天生的藝人」，台上敏捷的反應和機智，少人能及，簡直就是「台灣的歐普拉」。

張小燕對參與公益活動非常謹慎。王念慈記得，小燕姊現身主持的公益活動只有九二一大地震、南亞海嘯和四川大地震三場賑災募款晚會。

「她很愛惜羽毛，知道藝人的形象和公信力得來不易，所以從不隨便答應主持。」王念慈說。

她的六個堅持

- 不遲到。但自己做得到才要求別人準時。
- 不接秀。一檔秀可以買一戶房子，卻沒時間陪家人。
- 不拍廣告。愛惜羽毛，嚴謹看待自己的影響力，連公益廣告也不隨便接。
- 不演講。自認才疏學淺，怕誤人子弟。
- 不賺不該賺的錢。因為欲望會無限擴大，人生無欲則剛。

・不做不自由的事。打牌（要找牌搭子）、玩線上遊戲（要有對手）都不自由。

如果能再年輕一次……

・再生一個小孩，好好享受當母親的感覺。
・過大學生活，跟年輕人一樣一起去露營。
・學會鋼琴、唱歌。張小燕唱歌常是節目笑點。
・把舞再跳好一點。

【聯合報記者王雅蘭、鄭朝陽】

白先勇

妙筆藏悲憫，顧曲種癡情

二〇〇三年白先勇獲國家文藝獎殊榮，除了推崇他文學創作的成就，也表彰他「與文學同儕創辦的《現代文學》雜誌，引介西方現代思潮，鼓勵文學創作，對台灣文學發展有一定的影響」。當年一群文學初生之犢創《現代文學》，白先勇只是個大三學生。白先勇說：「當時就有創新局面的雄心壯志，但沒想到影響力那麼大。」

病中聽野史，小說啟蒙

出生於一九三七年七七盧溝橋事變後的白先勇，七、八歲時隨家人由桂林逃難到重慶，轉至當地小學就讀。不久後他常感疲倦，咳嗽，發燒，醫師診斷他染上了肺結核；當時肺癆幾為不治之症，又有傳染性，白先勇遂與家人隔離開來，只由保母順嫂、廚子老央照料飲食起居。

白先勇

．**年次**：1937年

．**學歷**：建國中學畢業，台大外文系學士，愛荷華大學作家工作坊碩士

．**經歷**：

．廣西桂林人，抗日名將白崇禧將軍之後，創辦《現代文學》，赴美取得碩士學位後，在加州大學聖巴巴拉分校任教，1994年退休。

．夏志清稱譽他是「當代中國短篇小說家中的奇才」，作品廣為改編成電影電視舞台劇，深具影響力。近年投入崑曲復振。

．**作品**：著有《台北人》、《孽子》、《寂寞的十七歲》、《紐約客》、《驀然回首》、《樹猶如此》等書。

邱勝旺／攝影

順嫂對白先勇疼愛有加，日後白先勇創作短篇〈金大奶奶〉中的順嫂、〈思舊賦〉中的順恩嫂，都以她當原型；至於老央，能言善道，冬夜裡他在房間架起一個火盆，煨幾只紅薯，為小白先勇說《薛仁貴征東》、《說唐》、《征西》，幾句話就把人物、事件勾勒得靈動鮮活，這是白先勇病中最大的慰藉。日後白先勇視老央為他的「小說啟蒙老師」。

病中有兩件事烙印在白先勇心中：一是嘉陵江氾濫成災，白先勇握著望遠鏡，遠遠看見洪水捲走人畜，只能乾著急；二是父母在花園設宴，白先勇掀簾張望，目睹賓客雲集，不論親疏都喜氣洋洋，「一霎時，一陣被人摒棄、為世所遺的悲憤兜上心頭，禁不住痛哭起來」，因為這樣，白先勇日後格外體恤、矜憐周遭人物。「悲憫情懷」是評論家提及白先勇對待筆下人物時常用的詞彙，想來在那兩年病中歲月便扎下了根。

棄工就文學，如沐春風

重慶兩年，是白先勇「不甚愉快的人生階段」；如果可以回到過去，他最想重返哪個時期？白先勇沉吟片刻，隨即雀躍地說：就是在台大的那幾年青春時光。

建國中學畢業後，白先勇一方面懷抱著到長江三峽蓋水壩的雄心壯志，二方面也是為了遠離父母以爭取自由，而選擇保送進入台南成大水利系就讀；一年後，白先勇深覺自己不是學工程的料，遂重考進台大外文系。

創現代文學，俱是俊彥

在台大的日子，白先勇常去旁聽葉嘉瑩老師的「詩選」，「葉先生講起課來真是如沐春風，你一聽就希望下課鈴不要敲」；葉嘉瑩講劉禹錫「金陵懷古」，尤其〈烏衣巷〉一首：「朱雀橋邊野草花，烏衣巷口夕陽斜；舊時王謝堂前燕，飛入尋常百姓家。」和當時國家處境、歷史背景相扣合，格外觸動白先勇的心緒：「念這首詩時，朦朧中在我腦裡形成了人事滄桑、歷史變遷的主題。」為日後創作《台北人》種下遠因。

當時，白先勇和陳若曦、歐陽子等同學合組「南北社」，談文論藝；大二時一群朋友到陽明山玩，回程，白先勇說：「真希望我們這些人，能在一起辦同一件事，比如辦一份報紙，或一份雜誌。」隔年，白先勇當選南北社社長，重提舊議。經費呢？「錢，我也許有辦法。」一九六〇年三月五日，《現代文學》創刊，白先勇任發行人，社址就在台北市松江路白公館；歐陽子掌會計，王文興、陳若曦審小說稿，戴天審詩稿，餘由白先勇負責。

台大外文系畢業後，白先勇入伍服役，軍旅生活中完成了〈寂寞的十七歲〉等小說，同時安排赴美留學事宜，擇定愛荷華大學作家工作坊，當時美新處處長麥卡錫是推薦人。

麥卡錫畢業於愛荷華作家工作坊，贊助文學活動不遺餘力，《現代文學》發行至第九期，財務陷入困境，他以認購的方式幫助雜誌渡過難關。白先勇打算申請入讀愛荷華作家工作坊時，麥卡錫「非常樂意作推薦人」；很快地，白先勇收到錄取通知書，並獲全額獎學金。

父送行垂淚，竟成永別

就在同時，白先勇的母親馬佩璋女士卻一病不起，在一九六二年辭世，白先勇按伊斯蘭教儀式走墳四十天，第四十一天動身飛美：那一天在松山機場，天氣陰寒，父親白崇禧將軍破例送兒子至登機梯下。

白先勇回憶：「父親曾領百萬雄師，出生入死，又因秉性剛毅，喜怒輕易不形於色。可是暮年喪偶，兒子遠行，那天在寒風中，竟也老淚縱橫起來。」這是白先勇對父親最後的印象，三年後白先勇學成歸國，父親已經往生了。

崑曲界白將軍

絕美牡丹亭，寫就遊園驚夢

白先勇近年為了崑曲四處奔走，崑曲界稱他為「白將軍」，白先勇則自命為「崑曲義工」，致力推廣被聯合國教科文組織評定為文化遺產的崑曲。繼青春版《牡丹亭》之後，《玉簪記》去年底在蘇州首演，今年五月下旬即將來台，接受台灣「第一流觀眾」的鑑賞。

白先勇說，與崑曲結緣，是一九四五年上海，在美琪戲院聽梅蘭芳唱的戲。抗戰時，梅蘭芳因不願為日本人唱戲而蓄鬚避居香港，八年未登台，怕京劇高音一時拉不上去，加上他的琴師不在上海，崑曲大師俞振飛遂建議梅蘭芳搭配第一流笛師，改唱曲調較低的崑曲。

梅蘭芳即將連唱四天的消息，轟動上海，黑市喊到一張票要價一根金條。有人送了幾張票到白公館，白先勇便隨著母親去聽戲。

那日梅蘭芳唱的是《遊園驚夢》，白先勇說：「如果換了他唱別的呢，那我這一生就跟《牡丹亭》無關了，結不上緣了。」尤其〈皂羅袍〉中「原來奼紫嫣紅開遍，似這般都付斷井頹垣，良辰美景奈何天，賞心樂事誰家院」，讓他傾倒，「我小時候，小傢伙，大概是一個過分敏感的小孩子」，便把這「美到極點就有一種淒涼味道在裡頭」的音樂、歌詞記上心頭了。

初中時，白先勇讀《紅樓夢》，第二十三回，林黛玉途經梨香院，風中送來〈皂羅袍〉一段，林黛玉一時心旌為之動搖，站不住就坐了下去。白先勇心想：「林黛玉怎麼搞的，聽得這樣子了，我趕快去找《牡丹亭》回來看。」就這樣與《牡丹亭》二見鍾情，《紅樓夢》至今仍是他的床頭書。

將近三十歲時，白先勇在柏克萊重聽梅蘭芳《遊園驚夢》錄音，童少記憶再度浮現。當時大陸文革如火如荼，崑曲被禁已十年，白先勇對崑曲前途憂心忡忡，因此寫了經典短篇〈遊園驚夢〉。

〈遊園驚夢〉寫了五回才定稿，意識流的熟練使用堪稱華文文學典範。小說完成三十年後，白先勇自評〈遊園驚夢〉的主角其實是南京，表現意境則為《台北人》卷首，劉禹錫的那首〈烏衣巷〉，也是全書的主旋律，是一整個動盪不安大時代的註腳。

朋友看他

聰俊靈秀，和寶玉一樣

白先勇說起話來，興高采烈，以一疊聲哈哈大笑一路打著逗點；而聆聽他人說話時，他總是顯得十分感興趣，適時以幾個註腳式的句子回應。

小說家李昂說：「他永遠是最能聽懂你傾訴的人，而且給予最適切的安慰。」李昂觀察，白先勇的家世背景，使得他進退得體，而身為真誠的作家，又讓他的舉止不流於表面功夫。白先勇也曾這樣表白過：「如果我曾傷了人，那絕對是無心的。」

台大中文系系主任柯慶明形容：「白先勇的high和王文興的cool，真是文壇二絕。」柯慶明以賈寶玉和白先勇相比，同樣有在千萬人之上的聰俊靈秀，又於「天分中生成一段癡情」，白先勇將此天賦表現在「藝文美感的嚮往」，以及對擁有此類才具者的賞愛上；前者成就了以文學為核心的超絕高度，後者則是他提攜後進不遺餘力。

柯慶明回憶，白先勇曾因賞識他和汪其楣等台大同學不以考據而以美學境界討論古典文學的一篇評論，而大膽將《現代文學》四分之一篇幅交給他們編「中國古典文學研究」專欄，影響了「國內中國文學研究的方向」。

評論家南方朔以「白大哥」稱呼白先勇：「白大哥筆下滄桑悲涼，但是他待人誠懇、親切、慷慨，對人尊重體貼，特別是對年輕人不吝惜多作鼓勵。」青春版《牡丹亭》一雙麗人俞玖林、沈豐英，便是白先勇自蘇崑小蘭花班欽點，敦請巾生魁首汪世瑜、旦角祭酒張繼青拿出全部絕活傳承；原班底打造《玉簪記》，又請出崑曲大師岳美緹、華文漪傾囊相授，俞、沈兩人才得以在舞台上嶄露大家風範。

近年白先勇婉拒國內文學獎評審工作，獨獨台積電青年學生文學獎只要得空便欣然與會；去年贈獎典禮後，白先勇將得獎者召到身邊團團圍坐，一一問詢、解惑；兩個小時匆匆流逝，離去時，他高興得臉頰紅通通，直說：「這些年輕人實在是太可愛了。」好像《牡丹亭》謝幕時，舞台上眾演員簇擁著他，他卻輕輕地將演員推送到鎂光燈前，成為觀眾注目的焦點。

《現代文學》獨領風騷

《現代文學》一九六〇年創刊，至一九七三年終因財務問題而停刊，共發行五十一期；一九七七年復刊，至一九八四年再度停刊，共發行二十二期。三毛、李黎、劉大任、王禎和等人的第一篇小說都發表於此；彼時尚稱年輕，現在已是赫赫名家的陳映真、黃春明、施叔青、李昂、七等生、李永平等人，也都在該刊的執筆陳容裡。

《現代文學》在引進西方文學作品和評論、提供年輕作家發表園地、將古典文學研究和現代文藝思潮接軌等方面貢獻卓著。

白先勇曾回憶當時：「那是很有意思的時代，上世紀六〇年代的台灣，戰後的一代成長起來，我們對父輩的價值觀和文化、文學狀態都有不同看法。」反映在《現代文學》的，便是創刊宗旨提及的：「我們有感於舊有的藝術形式和風格不足以表現我們作為現代人的藝術情感。所以，我們決定試驗、摸索和創新藝術形式和風格。」

文學史證明了，這群年輕人所走的路，是正確的。

白先勇大事記

1937 七月十一日出生於廣西南寧。

1944 逃離重慶，因肺病輟學。

1949 離開中國大陸，赴香港。

1952 來台與父母團聚，就讀建國中學，首次投稿《野風雜誌》。

1957 自成大水利系轉學考入台大外文系。

1960 與級友王文興、歐陽子、陳若曦等人創辦《現代文學》。

1962 母親病逝。

1963 赴美留學，入愛荷華大學作家工作坊。

1965 獲碩士學位。赴加州大學聖巴巴拉分校任教。《台北人》首篇〈永遠的尹雪艷〉刊《現代文學》第二十四期，《紐約客》首篇〈永遠的尹雪艷〉刊《現代文學》第二十四期，《紐約客》首篇〈謫仙記〉刊《現代文學》第二十五期。

1966 父親病逝，回台奔喪。

1971 短篇小説集《台北人》出版。

1972 《現代文學》停刊。升副教授，獲終身教職。

1976 短篇小説集《寂寞的十七歲》出版。

1977 《現代文學》復刊，《孽子》開始連載於復刊第一期。

1981 升正教授。

1982 〈遊園驚夢〉改編成舞台劇。

1983 《孽子》出版。

1987 赴上海復旦大學講學，闊別三十九年後首度重返大陸。

1994 自教職退休。

1999 發表散文〈樹猶如此〉悼念摯友王國祥。

2002 《樹猶如此》出版。

2003 演出崑曲青春版《牡丹亭》。

胡德夫

回首匆匆，胡德夫放歌，滿座淚流

他在哪裡，歌就在哪裡；他在哪裡，歷史就在哪裡。

不入深淵，哪會有歌？

胡德夫，一九七〇年代「唱自己的歌」民歌運動先驅，八〇年代原住民運動的開創者。余光中形容他的聲音如「深沉的大風箱」，林懷民稱他的歌唱是「台灣最動人的呼喚」，胡德夫對自己歌唱的註解只是，「不入深淵，哪會有歌。」

初冬的台北，野火樂集忙著為七〇年代創作者李雙澤錄專輯，胡德夫一進錄音室，當年歷史就活了起來。一個是早逝的左傾青年，一個是銀髮如雪、肚腹圓挺的花甲歌者，然而當胡德夫唱起〈雨夜花〉，與老友留下的年輕嗓音跨時空呼應，聽來竟如此契合。

胡德夫

・**年次**：1950年生
・**學歷**：台大外文系肄業
・**專輯**：匆匆（2005）
・**創作**：楓葉（1970）、牛背上的小孩（1972）、大武山美麗的媽媽（1974）、匆匆（1975）、最最遙遠的路（1983）、為什麼（1984）、飛魚・雲豹・台北盆地（1999）、太平洋的風（2001）等
・**獎項**：第十七屆金曲獎最佳國語演唱人、最佳作詞人（太平洋的風）、最佳年度歌曲（太平洋的風）

▲ 入過深淵，才知道歌在哪裡。胡德夫歷盡人生的歌聲總讓人落淚。蘇健忠／攝影

李雙澤，讓他知歌唱

「在認識李雙澤前，我只是在唱歌，不是歌唱。」錄完音，胡德夫循例擁抱每位工作者，說起他的生命上游：「那時在哥倫比亞咖啡廳，我都唱英文歌；直到一晚李雙澤問我，你是哪一族？卑南族嗎？有自己的歌嗎？」

「我還在想，李雙澤就先唱了〈思想起〉，我於是唱了小時候聽爸爸唱的〈美麗的稻穗〉，回報李雙澤。沒想到唱完後，全場觀眾都站起來鼓掌。那掌聲之熱烈是我唱這麼久英文歌，從沒得過的！」

忽發現，自己太荒蕪

那是一九七二年，台灣退出聯合國翌年。胡德夫形容，當時青年都發現「自己的田地有多荒蕪」，這首歌震撼了他自己。

「那晚起，我才開始思考歌也許不是為了good to listen（好聽），而是what is good for（有什麼用處）。」胡德夫說，在李雙澤不斷催促下，他創作〈大武山美麗的媽媽〉、〈牛背上的小孩〉等歌，又在一九七四年舉辦首場個人演唱會。

美麗島，為好友送行

然而歌沒多久就被噤聲。一九七七年，李雙澤救人溺水過世，胡德夫和楊祖珺趕在李雙澤葬禮前一天，錄下李雙澤譜曲的〈美麗島〉，為好友送行。「誰能想到，這首歌頌寶島的歌，會在兩年後和《美麗島》雜誌、黨外運動畫上等號，我也被禁唱。」

一九八二年，胡德夫加入黨外編輯作家聯誼會，成為唯一的原住民成員，然而胡德夫不久就發現，在這場民主運動，沒有原住民位置。

▲ 年輕的胡德夫曾投入民主運動，卻發現沒有原住民的位置。野火樂集提供

傷原民，寫下為什麼

一九八四年，海山煤礦爆炸，許多原住民礦工慘死，胡德夫沉痛寫下歌曲〈為什麼〉，感到「行動的時間到了，我們不能只用別人的版面」。他成立原住民權利促進會，卻在翌年被請求退位；沒多久，原權會更在民主運動中被扼喉。

「那時我總想，自己到底在做什麼？落得原運理想破碎、和歌唱疏離已久、家計壓力沉重、和前妻婚姻出問題，全身又長骨刺、劇痛不已。」終於，在台灣正要解嚴、人人迎向劇變的時節，胡德夫帶著小孩回台東家鄉，開始外人眼中「空白的十年，和台灣失去聯繫」。

骨刺痛，他曾想自殺

回到「本來不相信自己會回來的」故鄉，得靠枴杖代步的胡德夫，把孩子交給母親和姊姊，自己最後落腳在知本海邊朋友的破房子。骨刺的痛苦曾讓他想自殺，覺得「人生大概就到這裡為止」。

在部落，漸找到力量

然而，「靜下來才會有歌。」放逐自己的胡德夫在部落找到力量，「很多傷口，老人家看你一下，就鼓勵無限；邀你坐一回，勞累、困頓就都從身上脫落。」胡德夫說，雖然他仍不好意思面對母親和姊姊，但信心已慢慢滋長。

「在都市我無法思考，已經不知要做什麼；回到家鄉，過去的事才愈來愈清楚。以前我自以為是知識分子，以為可以教同胞什麼；回到部落，才知道自己的匱乏膚淺。」

胡德夫原本黯淡的眼神漸漸發光：「入那個深淵，才知道歌在哪裡。我終於明白，若我在深淵只能攀住一個東西爬出來，那就是歌；我本來就該是唱歌、要放歌出來的人！」做運動需要謀略和組織，他不適合；「我只能唱歌。」

現實壓力仍在。他一度賣水，經濟仍不穩定，又因為媽媽年老無法照管孩子，胡德夫也行動不便，不得不將孩子送到兒童之家。老媽媽不堪這般結局，哭到昏去。

中秋節，卻送走孩子

說起這一段，胡德夫仍是沉痛：「那天是中秋節，大家都在團圓，我卻面對家庭完全的破碎。我送走孩子，在一棵茄苳樹下對著天空高喊：『我只剩下聲音了。告訴我，我還有什麼路可走？要不要帶我去唱歌？』」

〈搖籃曲〉，開啟新人生

隔幾天，他接到黑名單工作室王明輝的電話，邀他為〈搖籃曲〉錄音，胡德夫拄著枴杖歡喜地去了。那是一九九六年。翌年，胡德夫成立「飛魚雲豹音樂工團」，唱歌兼社運，骨刺也漸漸好了：「我幫每根骨刺取名字，和它們說話，和病好好相處。」再加上泡溫泉、游泳，幾年下來竟不藥而癒。

初見妻，驚覺夢過她

更大禮物是現任妻子姆娃（Mua）。二〇〇〇年，兩人相遇，胡德夫一看就驚覺「我夢過她」：「我曾夢見一面牆，上面有所有家族照片，還有姆娃。」姆娃聽了頑

▲ 太太姆娃（左）與胡德夫（右）。

皮一笑：「後面還有沒有別人？」相差二十歲，姆娃說胡德夫才是那個「小」的，「他有時像孩子，懵懂、叛逆。」胡德夫則滿臉依戀，吻上姆娃的頰：「她是我生命的鑰匙。」

二〇〇五年，胡德夫出了首張個人專輯「匆匆」，驚動世人。在西門紅樓發表會上，人人淚流不止。他們不知道，胡德夫的歌唱所以動人，是因為來自深淵。

「一般人看我台東那十年，覺得荒蕪、可惜，但我明白，沒有那幾年，我不會知道歌從哪裡來，也不會知道歌在我人生的意義。」

回顧過往，胡德夫說最高興的是有一回看到原住民小孩在溪流游泳，很有信心地說「我們原住民……」這種改變「是原住民整體的成就」。他仍只是個歌唱的人：「歌是大氣，不是武器，它和現實無關，卻能籠罩一切，發出更深層的訊息，而力量難以預估。」

那年二十歲

欠醫院錢，憾無法送父回老家

從十一歲到都市，胡德夫一直覺得深受各方呵護關愛，「我是最幸運的原住民孩子。」但在個人的幸運外，從小承襲於部落長老的正直性格，讓他無法忽視原住民未被平等對待的事實。也因此，十八歲以優異英文成績考上台大外文系後，胡德夫便擔任「旅北山地大專學生聯誼會」會長，正視原住民困境。

「打開報紙，山胞、山花字眼怵目驚心；娼寮中，常見被拐賣的原住民雛妓，而我該是她們的哥哥，她們該是我們未來的媽媽啊！」談起原住民議題，胡德夫總禁不住微微激動。

在戒嚴年代，胡德夫舉辦「在台灣，我們到底是誰？」等座談會，引發教官關注，導致軍訓屢屢不及格；另方面，高中打橄欖球碰地造成的「重震盪後遺症」越趨嚴重，醫師鄭重吩咐靜養。終於，當其他二十歲的台大人正迎向錦繡前程，胡德夫休了學。

告別從初中就編織的「外交官」美夢，擺在胡德夫眼前的是冷酷現實。他白天在工地綁鋼筋，結識大批告別故鄉，北上工作的原住民；晚上和卑南同鄉萬沙浪同組合唱團，在六福客棧夜總會表演。原住民議題與歌

▲年幼的胡德夫（中下）與家人合影。

▲青年胡德夫靠媽媽的話「你是被託付夢的人」，才能一路向前走。野火樂集提供

唱，從這時就是他生命中的主旋律。

沒多久，父親驚傳罹癌，到台北照鈷六十、開刀。為了龐大醫藥費，胡德夫開始沒日沒夜工作：白天到毛紡廠，晚上到哥倫比亞咖啡廳唱歌，更晚再去朋友開的「洛詩地」牛排鐵板燒餐廳唱。

然而父親還是走了。「稍早我去醫院看他，他撐出一副很強的樣子，我就知道他明白我在拚。」胡德夫語調平靜，眼眶卻溼潤，「醫院看他快走了，要送他回台東老家時，我沒法跟。因為我欠太多債，身分證得押在醫院。」

這就是胡德夫的二十歲。現實重擔壓著，鄉愁無可逆轉，更驚心動魄的還在後面：歌，即將湧出。

其人其歌

不管怎麼唱，都是鄉愁之歌

胡德夫唱歌四十年，只寫了約三十首歌，每一首都從「生活中出發，別人也許不覺得非常重要，但我非寫不可」。

在板橋曲折巷內的公寓租屋，宣布剛戒菸「好讓嗓子乾淨」的胡德夫，坐在客廳的琴邊，示範他都怎麼譜曲：他手一撩，一串音符流出；再一揮，又是一個變奏。「我就這樣一直坐在琴前試，直到覺得『就是這個』。」

一九七四年，胡德夫有感愈來愈多同胞到都市求生，就是這樣寫下〈大武山美麗的媽媽〉第一版；參與拯救雛妓運動後，他目睹來自大武山的女孩子宮潰爛的慘狀，更將此歌化為對原住民少女的哀嘆。

一九九九年，胡德夫完成〈飛魚‧雲豹‧台北盆地〉，歌裡濃縮了蘭嶼反核、反瑪家水庫、九二一震災的十二年光陰。在模擬雲豹腳步的輕巧鋼琴聲中，胡德夫的心是沉的：「這麼小的地方，原住民為何不能被當全人？地震總是原住民部落多，種植的收益者卻是漢人。」

一九七七年初唱〈美麗島〉，胡德夫覺得有如「湧泉般自然流出」；到了二〇〇六年在紅衫軍前唱，歌變得在「洗」：「它像水般洗滌，把髒的東西洗乾淨。就是要用這種歌去洗。」

在妻子姆娃聽來，胡德夫不管怎麼唱，「都是鄉愁之歌。」「有時和他吵架，一聽他唱歌，我就忍不住原諒。」胡德夫則說自己最大的失落，「年輕時是感嘆失去的父母親情，現在是感嘆和孩子聚少離多。」那時他會彈唱四、五個小時，每每讓姆娃動容：「我聽得出他哪首歌在想著哪個孩子。」

然而他還是滿懷感激。他總招呼年輕歌手「到我家吃好料」，並在唱完後，像對孩子般在他們額頭印上一個吻。他說：「我認識很多原住民的朋友，從來沒人像我這麼幸運。假如到這個年齡還有什麼事要做，就是要回報這個幸運。給予其他人我曾被呵護、關愛、養育過的這些……」

【聯合報記者何定照】

再年輕一次要做的五件事

- 學好鋼琴，更熟悉樂理和指法，音樂才能做得更好。
- 學會記譜，免得都要靠錄音、記憶，再找別人來記。
- 培養好習慣：聽到什麼好聽的話和聲音就趕快記下來，最好會速記。
- 跟Bob Dylan唱歌；和馬友友的大提琴一起唱。
- 姆娃老說希望煮飯時，能有山泉經過她的腳，我想找到那樣的山泉，讓它蜿蜒著經過腳邊。

楊惠姍

一生癡愛，給了張毅和琉璃

一尊透明淨白的琉璃觀音，靜靜佇立在「琉璃工房」天母藝廊正中央，安靜沉穩、不沾俗塵。儘管窗外熙攘喧鬧，琉璃觀音顧自拈花微笑，一派安詳。

三百八十四尊觀音像，笑看紅塵二十二年

「這樣的觀音佛像，差不多一個月就做好一尊。」工房女主人楊惠姍說，二十二年來，不包括修壞和不小心打破的，共雕塑出三百八十四尊。

▼ 張毅與楊惠姍愛狗，而且一口氣養了四隻，因為四犬才能「成器」。

眼前的楊惠姍，除了一付黑框眼鏡和一抹慣用的深色口紅，幾近素顏；黑白混搭的穿著色調，讓頭頂的華髮更顯而易見，「我從不在乎年齡，所以不染頭髮的。」這位在七、八〇年代家喻戶曉的電影演員，早已洗盡鉛華，成功轉型為琉璃藝術創作家。

上半生歸零，影后無憾無悔

楊惠姍一九七五年入行從影，作品近一百四十部，平均每年演出超過十部電影，產量驚人，而她的敬業態度磨練出精湛的演技，更兩度勇奪金馬獎和亞太影展影后，把她推向演藝生涯的巔峰。

一九八六年，楊惠姍和使君有婦的張毅從「演員與導演」變成戀人。兩人告別電影，投入全然陌生的琉璃創作。

「人生兩度都從零開始，我用全心投入證明自己。」很少有機會回顧這段來時路，楊惠姍停頓了幾秒鐘，簡要整理自己人生的上半場。

楊惠姍拍電影走紅，「我最高紀錄同時軋十一部電影，一年拍二十二部。」說完，她不禁笑說：「套一句流行話：我不在片場，就是在前往片場的路上。」

下半生重疊，他是她的影子

為了軋戲，楊惠姍一個拍戲週期可以六到十天不沾床，有時在車上打個盹，有

楊惠姍

・**年次**：1952年7月16日

・**籍貫**：湖南長沙

・**入行**：1975年從影，拍過近一百四十部電影，投入角色演出的敬業精神令人稱道。當年與導演張毅和編劇蕭颯（張毅前妻）三人，號稱電影界的鐵三角，聯手製作出多部叫好叫座電影，但因三人情感質變，楊惠姍與張毅宣布退出影壇。

・**最喜歡的電影作品**：《玉卿嫂》、《我這樣過了一生》

・**處女作**：《朵朵浪花》

・**成名作**：《錯誤的第一步》

・**得獎**：亞太影展最佳女主角、兩屆金馬獎最佳女主角

・**創業**：楊惠姍、張毅退出影壇後，與電影工作夥伴王俠軍共組「琉璃工房」，五年後，另成立「琉園」，與「琉璃工房」成為台灣琉璃兩大品牌。

時就地在墳場（取景的片場）打地舖，張毅回憶：「她的眼睛竟沒有血絲，真是祖師爺賞飯吃。」

每次楊惠姍接受訪問，張毅總是陪在身邊。兩人的後半生幾乎是重疊的，他們是彼此的影子。

張毅說，那年是在攝氏三十八度高溫的盛夏拍《玉卿嫂》，霧峰片場的荔枝爛得滿地都是，卻要拍農曆過年烤火的場景，「我們每個人的背都溼透了，她的臉上卻沒有汗。」張毅眼中的楊惠姍是天生好演員，連體質、毅力都過人。

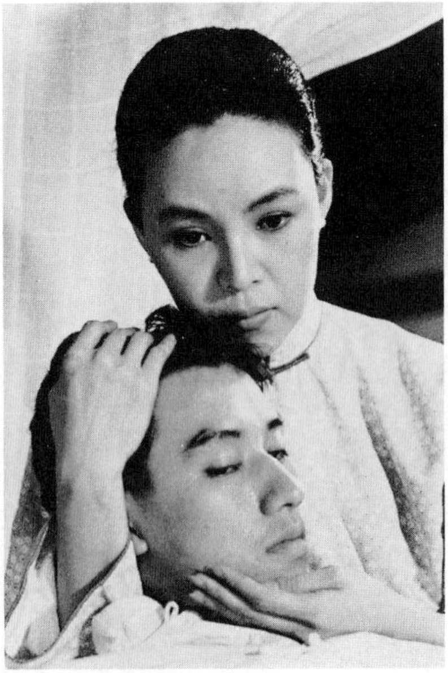

▶《玉卿嫂》是楊惠姍從影代表作。聯合報資料照片

琉璃那世界，因不知而不怕

在楊惠姍看來，當年拍電影，是抓住得來不易的機會。她說，從第一部電影開始，每次演出，她總全心投入、吸取經驗，「一百四十部電影就像一百四十堂大學電影課，彌補我專業不足。」

二十二年前轉行做琉璃藝術，這是條別人想也不敢想的陌生道路，楊惠姍在沒有任何專業背景的情況下一頭栽入。她曾經債台高築數千萬元，如今「琉璃工房」在美國、亞洲、歐洲等地擁有六十幾個據點，作品獲得多座國際知名博物館收藏，一句「苦盡甘來」仍嫌輕描淡寫。

「正因為不可知，也就不知道怕。」某個程度來說，楊惠姍天生樂觀，創業之初，不知技術那麼難，也不知要花那麼多錢，只有初生之犢的勇氣，搞定一件件麻煩事，「回到最單純的狀態，不會的就學，這樣就不會給自己設那麼多難關，挫自己的信心。」她說。

此外，專心和興趣也是帶領楊惠姍開創琉璃世界的兩大關鍵。

時光回到當年鶯歌的琉璃工房剛成立時，楊惠姍早上四點半就起床聽「空中英語教室」練英語，為作品走向國際做準備；六點一定到工廠創作，忙到午夜十二點才下班。「實在太喜歡了，沒做完的作品就帶回家繼續做。」她說，因為喜歡，給了她全心投入的情感和力量，「所以，清晨四點多又起床，並不覺得累。」

九二一震裂心血，隨喜再雕千手

楊惠姍笑說，好體力應該拜小時候家境不佳之賜。為了省公車票的錢，楊惠姍從小學到高中都花兩小時走路上學，來回四小時的路程。聽來辛苦，她另有體會：「我就是很專心地把路走完，什麼都沒想。」

心無旁騖、專心做好一件事，內心自然安定、愉悅；想多了反而會自怨自艾。手中塑出多樣觀音像的楊惠姍微笑說：「這就是修行。」

琉璃如同電影讓楊惠姍再次揚名國際，也教她許多人生功課。她的代表作「千手觀音」，在幾近完成時，卻在九二一大地震中碎裂一地，四個月不眠不休的心血在數秒之內全毀。她沒掉一滴眼淚，「這是上天覺得我做不夠好，要我重來。」

她總是在考驗中尋得安慰。收拾碎片，楊惠姍同時在工作室、家裡各塑一尊千手觀音，日以繼夜蹲坐著工作，血液循環不佳，「兩條腿腫得像象腿。」

一年後，兩尊更壯觀、細緻的千手觀音，將楊惠姍推向琉璃事業的顛峰。

▶ 幼年時的楊惠姍，長得清秀，後排站立者為父親、前左為母親。

那年三十五歲

為情私奔，喧鬧影壇到寂靜工房

一九八七年，三十五歲的楊惠姍在台灣電影界如日中天，卻和朝夕相處的導演張毅擦出愛的火花，兩人為愛攜手退出影壇，結束在顛峰的事業，卻開創華人第一個琉璃品牌「琉璃工房」。

二十幾年前，第三者被封閉社會歧視，張毅前妻蕭颯在報紙發表〈給前夫的一封信〉，輿論轟動，也重創張毅和楊惠姍當紅的演藝形象，但兩人彼此強力吸引，讓他們決定抗衡世俗道統，掙脫婚姻的捆綁，比翼雙飛。

在婚變風暴的過程中，張毅和楊惠姍始終沉默以對、承擔一切，最後選擇從繁華退場，從零開始。這是愛的代價。

「別再想了，實在太不健康了！」事隔二十多年，不想被婚姻關係牽制的張毅和楊惠姍，依舊是一對沒有婚姻關係的戀人。感覺一切已風輕雲淡，但對楊惠姍來說，三十五歲這一年、這一段，著實改變她人生的下半場。

當年楊惠姍剛以《我這樣過了一生》拿下第二座金馬獎影后，卻驟然息影。「我老早知道，不可能一輩子做演員。」楊惠姍沒有被影后光環沖昏頭，告別影壇那一年，台灣電影市場正逐漸降溫。

「他（張毅）跟我說，電影都能拍，沒什麼事不能做的。」這句話給了楊惠姍創業的勇氣，但要做什麼，一時還拿不定主意。

那時，她想不到息影的第一份工作竟是炒樓。「每天起床拿著紅筆在報紙房地產廣告上畫圈圈，低進高出，一轉手就能賺進大把鈔票。」楊惠姍享受過賺錢的快感，但快感去得也快，「炒房地產真的很無趣！」她說，數鈔票雖然令人羨慕，過程實在沒創意、沒文化，愈來愈空虛，很快就厭倦了。

似乎是命運的巧妙安排，兩人的最後一部電影《我的愛》，劇中運用很多琉璃道具，藉此詮釋看似完美卻易碎的婚姻關係，讓楊惠姍留下深刻印象。後來造訪紐約的玻璃藝廊，在絢麗五彩的琉璃世界裡找到方向，兩人決定共同打造琉璃人生。

三十五歲，楊惠姍在人生旅程中途換車，「沿途風景美不勝收。」她形容。

愛人同志

張毅看她耐操不認輸，花錢阿莎力

楊惠姍這個人，張毅最懂。拍電影，張毅執導，楊惠姍永遠是女主角，全心投入角色的敬業態度讓他折服；攜手同行，這組角色延續到工作和現實生活之中，張毅發現：「她真是隻典型的湖南騾子，很耐操、絕不認輸。」

張毅說，楊惠姍執著、有毅力，想做的事沒有人阻擋得了，也必定要闖出名堂來，拍電影、做琉璃如此，連對待自己的身材也是。

▶張毅眼裡，楊惠姍永遠是他的最佳女主角。蘇健忠／攝影

當年楊惠姍拍《我這樣過了一生》時，為了角色需要增胖二十五公斤，上台受封金馬獎影后，身材立刻恢復原貌。最近她忙著籌備佛像作品展，為了出現眾人面前的美感，竟能靠控制飲食，短短兩週速瘦十公斤。

「我擔心她吃得太少，會影響健康。」張毅好意提醒，楊惠姍卻回他：「你怎麼不想想，是不是你吃太多了呢？」談笑中可見這位退場影后的敏銳機鋒。

楊惠姍天性樂觀、天真，永遠正面思考，「只要用心去做是會有回報的。」張毅說，這是她的信仰，也是創作人的思考；但在商場上，楊惠姍「神經很大條」，缺乏風險管理和成本觀念，「在公司財務最困頓的時候，還貸款一百萬招待三十名員工到日本旅遊。」

幸好，楊惠姍有深愛她的家人。張毅說，每逢公司周轉不靈，她就拿起電話向家人求助，拿房地契向銀行抵押貸款。有趣的是，家人都按時到銀行對保，從不過問她欠了多少債，彼此信任，感情深厚。

給年輕人的話

當下即是。

不要想「賺夠了才去做……」那就太晚了；邊走邊過想過的生活，就能經營你想要的日子。

【聯合報記者陶福媛、鄭朝陽】

吳念真

活力歐吉桑，人間訴真情

醫院的候診間裡，廣告旁白響起，候診間的人全都抬頭盯著看，熟悉的台語口音念著：「過年到，有工作的趕收尾，十二月的寒風裡，汗水一樣流不盡；沒工作的，眼淚怕人看，任風吹到乾。」這段旁白說得人心酸，陡地打進台灣人的心。那是五十七歲、人稱「歐吉桑」的吳念真魅力所在。

他回想在醫院目睹的那一幕：「真的好安靜，一分鐘的廣告播完，大家回過頭，不再理電視接著播什麼。」吳念真有一點驕傲，也有一點感動。用寫實故事、重組的語言，在十秒鐘裡讓人共鳴，「這就是我一直想做的東西。」

遙控器轉到哪，吳念真跟到哪

吳念真，套句台語：「烏、乾、瘦」，一口台灣國語，就像厝邊歐吉桑，最平

吳念真

・**年次** 1952

・**血型** O

・**星座** 獅子座

・**現職** 導演、演員、廣告公司老闆

・**堅持** 不拍信用卡廣告、不上談話節目（既無俊男美女，且充滿仇恨）

・**電影代表作** 《多桑》、《太平天國》

・**未來** 資助新銳導演，首部《帶我去遠方》即將上映

凡的扮相，卻是廣告商最愛。一年數十支廣告量，自編自導自演，台灣恐無人出其右。網友不禁大嘆，遙控器轉到哪，吳念真就跟到哪。

吳念真本名叫吳文欽。因為礦工父親是入贅，長子得「抽豬母稅」從母姓。開始寫劇本時，小妹連翠茉建議他「作家要有筆名」，用了心儀女生名字「真」，取名「吳念真」，沿用至今。

「念真」二字倒也說盡此人性情，他愛說就說、想罵就罵，不矯揉作態。吳念真常說，「真實」是創意庫，「沒有情感，我創作不出來；創作如果不能感動人，只有自己爽，這沒有意義。」

生為礦工之子，吳念真讀完初中，從故鄉瑞芳到台北打工，「雖在賺錢，但心裡很頹喪，感覺前途茫茫。」後來吳念真邊工作邊念延平中學補校，拿到高中文憑。

「讀了書，才覺得人生有希望。」後來他考上輔仁大學夜間部會計系。當兵三年，他每天寫日記，詳細記下每天的觀察與感動；退伍後，日記本被「妹妹上廁所拿去當小說看，看得津津有味」。

學會聆聽，魅力來自貼近人性

當兵時，「學會聆聽是最大的收穫。」吳念真還記得金門老士官長，中秋夜獨自在大武山上望海沉思，翦影像極了電影畫面。吳念真對他示好：「每次月圓就讓我想家。」老士官長冷冷回他：「你有家，我還沒有咧！」老士官長當年被

「拉伕」離家，從此回不去了：「孩子腳上的鞋子繡著老虎頭，那是我最後一眼看他。」

「這樣一個粗人，觀察卻這麼細膩。」吳念真說，這些點點滴滴都不是上大學可以學到的，「對我都是養分，所以當時我年紀雖輕，但某些心境已經很老了。」他的小說多半是描述中下階層的生活，那是他熟悉的世界，創作連續三年獲得聯合報小說獎。

不論做什麼，寫作、編劇、演戲、拍電影，吳念真式的本土魅力是如此貼近人性，幾乎「吳念真」三字已自成品牌。

▶民國七十三年，吳念真獲金馬獎最佳劇情片原著劇本獎。聯合報資料照片

父親弟妹自殺，憂鬱症找上門

雖然事業一路順遂，但父親、弟、妹先後自殺，也一併帶走他的一部分；歷經生命的重大失落，憂鬱症也上門了。

有一次接受電視訪問，主持人問：「導演有憂鬱症，你怎麼走出人生低潮？」吳念真反駁：「我還沒有走出來啊！我和它共存、和平相處。」

很難想像看來豁達、總是開心推薦商品的台灣歐吉桑，必須靠「百憂解」對抗煩悶侵擾，再繼續拍出更激勵人心的作品。以前吳念真很抗拒，會說：「X！為什麼我這麼弱，要被它（百憂解）控制？」但憂鬱的苦很難說，「很多方法都沒用，找專業醫師才對。」他這樣給同病者忠告。

廣告之外，執導的舞台劇「人間條件」不斷推出續篇，舞台上搬演各式平凡人物的人生故事，有生有死，既悲又喜，說的都是充滿吳念真式的「真情」，那是「痛過」的人才說得出的故事，大概也是「歐吉桑」的人生體會。從南演到北，一次次在如雷掌聲中謝幕，也是觀眾感謝他掏盡真心的分享。

「痛過」的人生，舞台上掏真心

白天很忙，吳念真盡量不想前塵往事，午夜夢迴，一個人安安靜靜，「很多事全跑出來。」他說，房間裡有個上鎖很久的櫃子，一直沒整理，那裡裝載二十幾年來親友的信件、照片、錄影帶，「不想看，面對此刻就好。」他謝謝他們：何其有幸，能跟這些精采的人有過美好時光。

那年二十歲

感謝《閣樓》，打好英文底子

在金門當兵三年，吳念真多了一肚子從同袍那兒聽來的人生故事，還學了《Penthouse》（閣樓）、《Playboy》（花花公子）雜誌的精采性事單字，「很多是字典查不到的！」

民國七十三年，吳念真以軍中聽來的故事，寫了《老莫的第二個春天》劇本，電影轟動一時，作家管管直呼：「這傢伙，兵沒白當！」

當年金門司令部政戰官會沒收阿兵哥從台灣帶回的色情雜誌，「精采圖片都被剪得乾乾淨淨，剩一堆英文文章，丟在一邊沒人要。」吳念真撿回去研讀，很是津津有味。

吳念真說，《閣樓》最好看的就是forum（論壇），「全球讀者投稿寫他們奇奇怪怪的性經驗。」「真要感謝《閣樓》和《花花公子》幫我打英文底子。」當完兵，吳念真考大學，英文考八十。

上了輔大，英文老師是老美，全程講英文，班上女生常缺課，但吳念真連讀《Newsweek》都不怕。

別人看他

朋友有難，一肩挑

吳念真交朋友掏心挖肺，「拚拚看，死的時候不發訃聞，看會來多少人？」吳念真最「嚮往」的死法是：跟朋友打高爾夫，吃完飯搭便車回家，在途中安詳死去。

不愧是導演兼小說家，說起死亡，超有畫面。「雖然我朋友一定很『幹』，但我的後事一定安排得很安穩。」吳念真認定，這個不知是誰的「朋友」一定會趕快打電話給吳太太，接著把吳念真載去殯儀館，「不會死在路邊，多麼幸福愉快！」深思熟慮後，吳念真認為圓神出版社負責人簡志忠來擔任這個「朋友」最適合，因為「他是處女座，很細心，而且開賓士，這種車比較屌！」

聽到好友看得起他，簡志忠笑說：「請他好好活著，我還沒準備好，不想幫他這個忙。」

在簡志忠眼中，吳念真是個「常常隱藏內心濃厚情感，卻默默實際幫忙朋友的人」。簡志忠說，朋友失業了，吳念真不會主動安慰他，但會幫對方找到工作。藏住深情，「那是因為他認為這種生活方式是最安全的生活方式。」「他感情超級豐富，尤其是對朋友，再艱困的事都可以一肩承擔，我們可以把最不堪的事說出來，發現自己並不孤單。」吳念真曾說，紙風車基金會執行長李永豐欠的錢，都「記在壁上」，一粉刷就一筆勾銷。

麻吉柯一正導演形容吳念真：「他太直，我常怕他得罪人。」兩人彼此信任，毫無隱瞞，「我對他只有『佩服』二字。」柯一正得了大腸癌，吳念真崩潰大哭。吳念真常威脅一班好友：「X！你們不能比我早走。」

【聯合報記者鄭朝陽、粘嫦鈺】

吳炫三

用腳找靈感，用筆畫人生

攤開手中各式各樣的畫筆——沒毛的筆、動物骨頭做成的筆、橡皮頭筆、刮刀……，藝術家吳炫三喜歡對著自己畫裡的主人翁的鼻子給他一刀：「每個人的內心都有某種傷痕！」銳利的刮刀，最能呈現這種受傷的感覺。

吳炫三的工作室隱於鬧區的陽光樓，一邊像人類學家的寶庫，典藏著他環遊世界的戰利品。另一邊是畫室，陽光時晴時陰從上方的採光罩灑下，回憶起慘綠少年時，像是觸痛了他隱藏在內心的傷痕，藝術家不禁激動落淚：「我長期自卑，直到現在還是如此，但這也讓我衝勁特強。」

留級兩年，十九歲才上高中

初中留級過兩年的他，為了前途，決心離開老家到台北發展。別人十九歲已讀大一，他才剛考上高中、開始學畫畫。當年譏笑他的同鄉絕對想不到，有一天他會出國留學並成為揚名國際的藝術家。

為了「賺」回留級的那兩年，吳炫三發憤要做別人三倍的事，「別人畫一張畫，我畫三張。」讀書也一樣。他感受到生命的有限，「如果我活了三十歲，但是做了別人三倍的事，就等於我活了九十歲。」「生命的密度要高」是他的生活態度。

擺脫了尷尬青春期，大學時代的吳炫三，在師大美術系一路名列前茅，之後獲選代表台灣參加過三次聖保羅雙年展。大學畢業後到西班牙深造。

三十一歲那年，他從西班牙皇家藝術學院畢業，接著轉往紐約發展，但因看到早他十年到紐約的藝術家，熬了多年成績仍不理想，他決意返台，到台灣藝大擔任副教授。

日本首展，畫作幾乎賣光

沒多久，一位日本醫師把他介紹給日本「福神」畫廊，頭一回見面，畫廊老闆福神愛夫斜眼看他，鄙夷地說：「台灣有畫家嗎？」沒想到他為吳炫三辦的第一次個展，畫作幾乎售罄，兩人簽下了十年經紀約。

之後勤跑日本，台藝大一學期上不了兩堂課，和校長懇談後，決定辭去教職，許多人勸他別這麼傻。但他說：「F1賽車冠軍是在死亡和亞軍間徘徊，這個社會沒人在意亞軍！」想出類拔萃，就要有破釜沉舟的氣魄。

吳炫三

1942 出生於宜蘭羅東「歪仔歪」
1968 台灣師範大學美術系畢業、在台灣省立博物館舉辦個展
1969/71/73 參加巴西聖保羅雙年展
1973 西班牙皇家藝術學院畢業
1979-1980 赴非洲研究
1982-1984 赴中南美洲研究
1998 獲法國文化部頒授文化騎士勳章
2008-2009 在北京奧運、台北美術館、士林官邸展「我們都是一家人」雕塑

非洲朝聖，確立野性畫風

日本市場奠定了吳炫三豐厚的經濟基礎，他一口氣在天母訂了兩套房子，一間當住家，一間當畫室，沒想到他很快又面臨另一個抉擇。日本富士電視台為他錄製了兩集節目，當紅的日本藝評家瀨木慎一對吳炫三的藝術稱許有加，卻表明「很難真正抓到他」，吳炫三大受刺激，一九七九年，決心到眾多藝術大師都曾前往「朝聖」的非洲原始部落，「找自己」、「找回童年」和原始的感動。

「非洲藝術隨性、自由、陽光」讓飽受學院訓練束縛的吳炫三找到心靈的原鄉、得到了真正的創作自由，確立他充滿野性，糅合野獸派與立體派的藝術風格。但也讓他付出昂貴的代價——為了旅行，吳炫三賣掉剛在天母買的房子、得過兩次瘧疾。有一回他在從非洲返回馬德里的飛機上瘧疾發作，昏昏沉沉之際，差一點以為自己會客死異鄉。

▲ 在中南美、非洲等部落，與居民生活，開拓了吳炫三的視野。

旅行學習，聽上帝悄悄話

年輕時喜讀老莊哲學的吳炫三，二十年來，不斷走進非洲、中南美、南太平洋的原始部落，目的不為探險而是為了「法天、法自然」。「旅行是無止盡的學習！」旅行中的吳炫三隨身帶筆記本，一有靈感馬上記下來：「靈感是上帝的悄悄話，祂很忙，不會告訴你第二次。」「大自然像一座鐘，你不去敲，它不會響。」

九〇年代初期，國際和大陸藝術家的畫作紛紛登陸台灣，吳炫三眼見這股風潮，自覺「光是待在台灣不行，一定要成為國際藝術家」。

一九九二年，他決定到藝術之都巴黎開設畫室，剛到時很興奮：「巴黎，我來了！」旋即跌落谷底，「整整六年，我在巴黎賣不出一張畫。」直到一九九八年，他在巴黎著名的Bagatelle藝術廳舉辦個展一炮而紅，邀約如雪片飛來。緊接著，法國文化部授予他「文化騎士」勳章，他成為繼朱德群、趙無極

◀吳炫三走訪亞馬遜部落，由當地原住民學習最原始的美感經驗。

後，第三位獲此榮銜的華人藝術家。

五六年後，他卻面臨了有生以來最大的危機：罹患攝護腺癌。在臨進手術房前夕，他望著病房天花板，心想：「這會不會是最後一次看到天花板？」他憶及自己一生的創作，湧現一個念頭：「有些畫不應該留下來。」

癌後個展，公開燒五十幅畫

痊癒後頭一次辦個展，他公開燒毀五十幅畫作。開刀前，他正在忙著籌畫桃園「角板山雕塑公園」。一股藝術家特有的狂熱支撐著他，開刀後五天，吳炫三腿上還綁著尿袋就登上角板山，讓前來參展的國際藝術家大吃一驚。

▼吳炫三罹癌後更積極創作，希望全世界都看得到他的藝術。陳易辰／攝影

今年五月，將進軍莫斯科

痊癒後的吳炫三感到自己「隨時可能離開」，更加積極投入他全球部署的計畫，「我希望全世界都看得到我的藝術。」今年五月，將首度進軍俄羅斯，在聖彼得堡大理石皇宮個展。

「藝術家就像運動員，參加區運後，接著是亞運、奧運。」「我感覺自己的時間愈來愈短，就愈來愈積極。」在他的人生字典裡，永遠沒有倦怠這回事。

那年二十歲

自卑落第脯，發誓像樣才回鄉

少年吳炫三超自卑，他初中留級過兩次，被譏笑為「落第脯」（台語：留級生）；因家中務農，他經常一大早就得到羅東鎮上的商家舀糞、擔屎施肥，過路時人人掩鼻，讓他更加自卑，斗笠愈壓愈低，連頭都抬不起來。

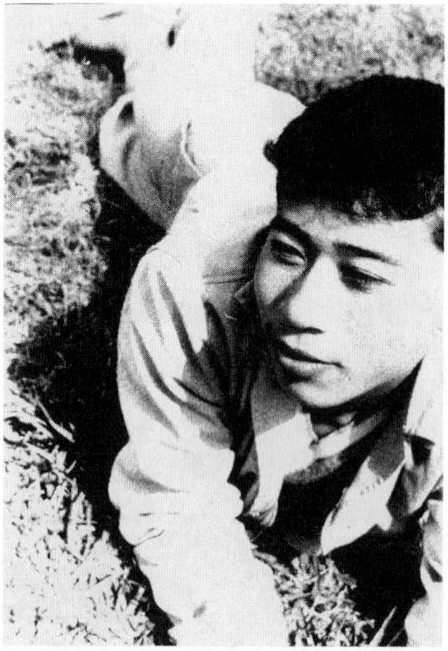

◀十九歲的吳炫三青澀又自卑，帶著三百元到台北打拚。

十九歲時，吳炫三經歷人生第一個轉捩點：離開老家宜蘭羅東「歪仔歪」。「大家笑我落第脯、娶嘸某（娶不到老婆），我實在不想待在宜蘭。」他帶著三百元坐火車到台北，默默發誓「有一天我要像個樣才回來！」

抵達台北的第一天，他盤算住旅館一晚得花八十元，索性到新公園（二二八公園）內的博物館迴廊暫歇一宿。睡到半夜，一群壯漢抓住他，猛甩他耳光。原來，在附近演出的「矢也大馬戲團」道具被偷，便衣警察抓人卻搞錯了對象，他飽受驚嚇，竟沒得到一句抱歉。七八年後，大四的吳炫三生平首次開個展，就在同一地點，剛掛好畫，他掉下了眼淚，誰想得到人生的境遇竟然天差地別。

幾經波折，吳炫三終於考上了淡江中學，他的美術啟蒙老師陳敬輝要大家畫自己的手，別人畫手都塗黃色，只有吳炫三塗上五顏六色。因他長年務農手常受傷，手掌上有瘀血的紅色，也有結疤後的咖啡色……就是這樣與眾不同的塗鴉，讓陳敬輝發掘出他的天分，也讓吳炫三發現自我，在淡江中學被封為「小畫家」。

陳敬輝影響吳炫三至深。有回上課，吳炫三把自覺畫得較差的一批畫放在地上，立刻被老師責罵：「你怎麼可以把藝術品擺在地上！」「你的每張畫都是全世界獨一無二的！」從此，他珍藏自己的每一件創作。

高中原本讀丙組，考大學時尚在猶豫該報考什麼科系，就教於陳老師，「能不能考美術系？」老師斬釘截鐵回答：「你只有這條路可走！」吳炫三就此走向藝術這條坎坷的不歸路。

別人看他

不一樣的爸，要女認真玩

「二十六歲那年，爸爸給了我一筆錢，要我到夏威夷去好好玩兩年，而且還要我『千萬不要讀書』。朋友聽說了，都以為我爸瘋了！」吳炫三的女兒Gina（吳奇娜）回憶。

吳炫三是個很不一樣的爸爸。

一般人都希望兒女取得高學歷，他卻認為「學校老師能教的都是過去的知識，而你需要的是面對未來，這個得靠自己去開創。」

有感於自己年輕時「沒有認真的玩」，基於補償心理，吳炫三要女兒去完成這個心願。

然而，重視旅行的他，把「旅行」跟「觀光」分得很清楚，「跟爸爸出門旅行，清早六點就被他叫醒，一切要按表操課。」因為他「視旅行為學習」，可不是鬧著玩的。

為了旅行，吳炫三犧牲了家庭生活。

從一九七一年他赴西班牙深造以來，和家人一直聚少離多；之後他到非洲旅行，一離開台灣就是一年半載。

「爸、媽第一次到非洲流浪的時候，我才五歲，送機的時候，我呼天搶地，像生離死別一樣傷心。」吳奇娜說。

「他很拚命，唯一的樂趣就是工作。」就連住進醫院也一樣閒不下來。

「很多人勸我爸別再這麼拚命，年紀大了要顧好身體才是。」但是，他就是想「抓住生命的尾巴」，所有的規勸都當成了耳邊風。

給年輕人的忠告

不狂熱……就別搞藝術

「如果對藝術不很狂熱，就不要搞藝術！」自認很難給年輕人忠告的吳炫三說。

很多人勸他「物以稀為貴」，別畫那麼多畫才能「以量制價」，但「我就是停不下來！」他隨時隨地都在畫，有時隨手連發票、收據都拿來畫，連自己都很難控制。

一直到千禧年，他的右肩抗議了，整整四個月之久，他的右臂膀抬不起來，只能休息不動。

不只對藝術狂熱，吳炫三做什麼都很狂熱，談戀愛、打球……一樣都狂熱。別人打高爾夫一般都是十八洞（耗時三四個小時），他一打就是七十二洞，凌晨四點出門，一直打到太陽下山才回家。

為了布置展覽，他可以十天不睡覺，徹夜在工地指揮工人吊掛他的巨型雕塑。

他說：「不夠狂熱的事，就不要去做。」唯有狂熱，才能超越凡俗。

如果再年輕一次，我想……

- 繼續我現在的工作，像王永慶一樣做到生命的最後一天。
- 認真地工作、認真地玩。我年輕只做到前半段，忘了認真玩。
- 多花時間陪家人。
- 多接觸音樂，讓心靈空間更圓滿。

【聯合報記者周美惠】

鍾肇政

魯冰花養分孕育，衝破濁流

「我心目中唯有文學，台灣文學而已，故對『鄉土文學』四字毫無興趣，而文學初無鄉土不鄉土，於論戰，甚至文學已死的擾攘喧譁中置身事外。」

打從民國五十年，鍾肇政的第一部長篇小說《魯冰花》在聯合報副刊發表後，接著寫出《濁流三部曲》大河小說——《濁流》、《江山萬里》、《流雲》，開啟台灣大河小說創作第一人。

歌德、莎翁，文學啟蒙

鍾肇政於民國十四年生於桃園龍潭，祖籍廣東五華。鍾肇政回想幼時文學啟蒙：「小時候日本少年雜誌及讀物甚多，養成了我愛看閒書習慣，由通俗小說到世界名著，幾看遍吉田絃三郎、歌德、莎翁，乃至舊俄作家杜思妥也夫斯基、屠格涅夫、托爾斯泰的作品，繼從試寫漸成半專業作家。」

鍾肇政說，年少時他原本喜歡音樂，但受皇民化教育，學的只是日本傳統音樂；但他仍自學五線譜，並購買世界名曲欣賞，尤欣賞舒伯特。不過，音樂素養僅止於哼哼唱唱，他決心邁向文學之路。

鍾肇政淡江中學畢業後，進入彰化青年師範就讀，後被徵召服海軍警備兵，感染瘧疾，聽力受損；光復後他考上台大中文系，因聽不清老師講什麼，只好回龍潭教書。

▶鍾肇政（左）光復初期與同學。鍾延威提供

投稿獲林海音賞識

二十六歲他相親與同鄉張九妹結婚，教書之餘，邊寫邊譯，亦常投稿，真正讓他邁向作家之路是他的長篇小說《魯冰花》，獲得聯副主編林海音青睞。

「魯冰花就是路邊花，長在茶樹行列間，凋謝後拔起來放在茶叢下做肥料。」

民國四十九年鍾肇政寫了《魯冰花》寄給林海音，五天後竟在聯副連載，令他欣喜若狂。《魯冰花》是寫出身貧困茶鄉的繪畫小天才的遭遇，反諷當時社會、教育與貧富的不公。

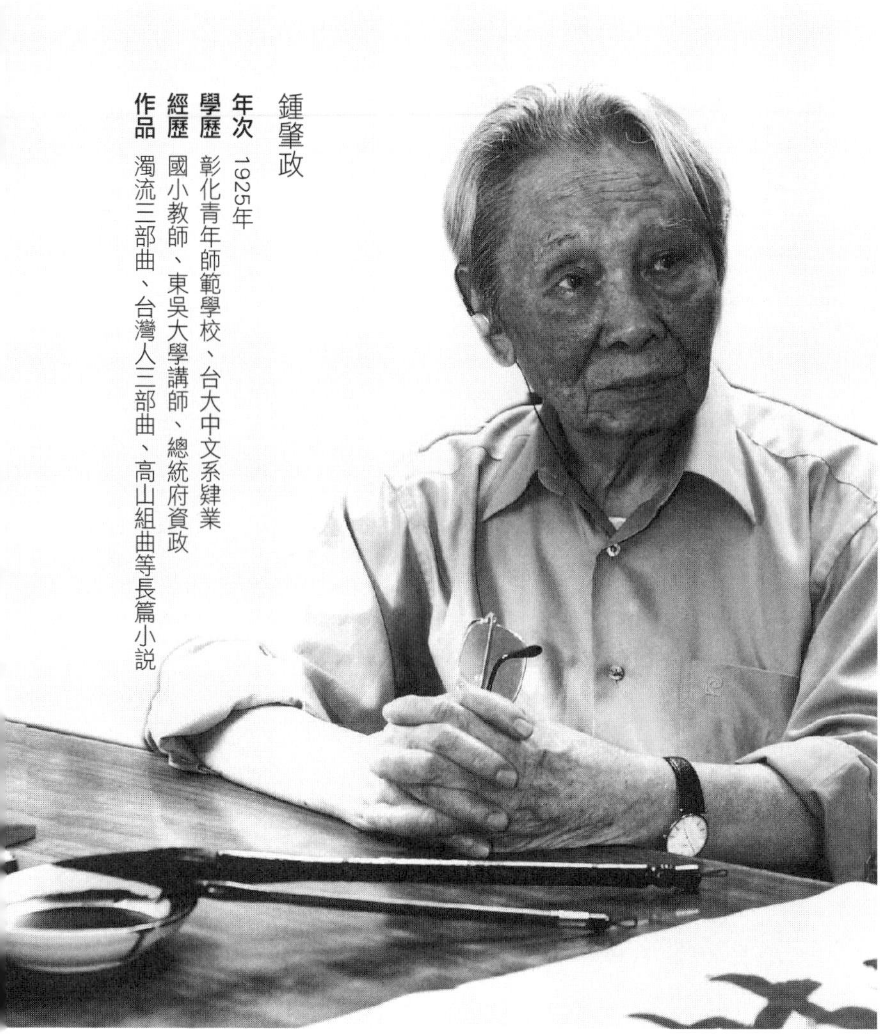

鍾肇政

年次 1925年

學歷 彰化青年師範學校、台大中文系肄業

經歷 國小教師、東吳大學講師、總統府資政

作品 濁流三部曲、台灣人三部曲、高山組曲等長篇小說

▲ 八十四歲高齡的鍾肇政書寫「發揚硬頸精神」，仍蒼勁有力。邱德祥／攝影

刊出後，鍾肇政想到鍾理和，希望他接棒下一個長篇，詎料鍾理和在趕稿中舊疾復發病逝；而鍾理和小說集《雨》、《笠山農場》，後才由林海音、鍾肇政協助出版。

民國四十年代本土文學受壓抑，透過鍾肇政油印的《文友通訊》，鍾理和作品經鍾肇政轉寄給林海音，在聯副發表，給貧病交迫的鍾理和不少慰藉。遺憾的是，兩人竟未曾通過電話、見過面。

與吳濁流結為莫逆

鍾肇政照顧前輩作家，長他二十五歲的吳濁流，在白色恐怖時期是唯一敢寫「二二八」的作家，以日文寫的《無花果》、《台灣連翹》，也是透過鍾肇政翻譯成中文，並透過留台日本學生挾帶到美國出版。

《魯冰花》能連載，來自林海音的慧眼。受此鼓舞，鍾肇政決定朝大河小說努力，隔年他的《濁流》在中央日報連載；接著《江山萬里》、《流雲》也相繼發表，合併成「濁流三部曲」。

他說，「濁流三部曲」寫二二八以前的故事，前兩篇寫日治時期，《流雲》則寫戰後台灣社會亂象，取名《濁流》是書中男主角教書離開大溪時，看到大漢溪水雨後相當混濁，沒想到卻因而認識吳濁流。

鍾肇政說，吳濁流在報上看到「濁流」連載，寫信給他，從此成為莫逆；吳濁流的《亞細亞的孤兒》原叫《胡志明》，光復後翻譯成《孤帆》，後來吳濁流再寫《無花果》、《台灣連翹》，都是二二八時期的社會亂象。《台灣連翹》指的是綠圍籬的筍，只要冒出頭就被剪，暗指本土菁英受壓制，難以出頭，要大家當順民。

「光復後我已二十歲，中文是從ㄅㄆㄇㄈ學起；昨天才跟老師學，今天就教小學生。」鍾肇政說，日文轉中文是當時台灣人共同際遇；早期本土作家缺乏發表園地，四十六年他與陳水泉、鍾理和、李榮春、施翠峰、廖清秀、許炳成等人發行《文友通訊》，以文會友，是當時的「地下刊物」。

大河小說，他第一人

鍾肇政的「濁流三部曲」獲第二屆吳三連文藝獎，之後中短篇小說創作不斷，接著再完成《台灣人三部曲》、《高山三部曲》、《怒濤》等大河小說，是台灣首位完成大河小說作家，也是唯一完成四部者。

鍾肇政與吳濁流交心二十餘年，吳濁流創辦《台灣文藝》，也由鍾肇政負責審稿，吳濁流去世後，他繼續接辦；吳濁流退休時將退休金全部捐出成立「吳

▲ 鍾肇政（左）獲得文學獎，接受頒獎。鍾延威提供

濁流基金會」，每年辦文學營、頒文藝獎，培養不少文壇後進，他都是主要推手。

致力推動客家文化

「我心目中唯有文學，台灣文學而已，故對『鄉土文學』四字毫無興趣，而文學初無鄉土不鄉土，於論戰，甚至文學已死的擾攘喧譁中置身事外。」

去年是「還我客家母語運動」二十周年，鍾肇政是當年發起人之一，他喊出「發揚硬頸精神」，深感客家人再不覺醒，就被同化了；因此他除了走上街頭，也發起成立台灣客家公共事務協會、寶島客家電台，為客家族群權益發聲。

鍾肇政在卸下總統府資政職務後，多在病榻旁陪伴老伴張九妹。目睹台灣近來的亂象，他憂心地說：「台灣似步上『沉淪』一途，不復有任何動能矣！此說法誠然太悲觀，或亦可能在默默蓄積能量亦未可知？」

那年二十歲

暗戀日少婦，化為筆下女主角

「當她的裸身不偏不倚容進我的雙臂時……，我們就吻在一起了。她的舌尖在

▶ 鍾肇政年輕時打網球的英姿。鍾延威提供

引誘我……，我已陶醉在她發自全身的香味之中。」鍾肇政老年才寫情色小說《歌德激情書》，對象是他從小心儀的作家歌德，他稱是「遊戲筆墨」，卻充滿情慾挑逗，讓人看了臉紅心跳。

鍾肇政說，歌德一生浪漫，他七十二歲時赴德國巡迴演講，恰與歌德向十七歲少女烏爾麗克求愛被拒時同齡。那是歌德人生的最後一次失戀，也萌生他創作以歌德愛情經歷為主題的小說。

從小在「女兒國」長大的鍾肇政，在十個孩子中排行老六，是唯一的男孩，父親為得子還將五姊取名「連弟」。他從小深受姊妹，甚至姊妹同學的寵愛與好感，但生在保守的客家庄，情愛卻相當壓抑。

黃秋芳著的《鍾肇政的台灣塑像》曾提到，鍾肇政十九歲剛執教鞭時，隔壁班的日籍女老師及丈夫被徵去當兵的少婦清子，都曾闖進他的心房；一嫻雅細緻，一溫柔而無助，在他心裡捏塑著對精神愛戀的無瑕嚮往，但隔年這位女老師不幸去世，而他對清子牽掛又不能跨越的情愫，也成為他《濁流》筆下的谷清子。

▶鍾肇政（左）年輕時與父親鍾會可（左二）、太太張九妹（右二）子女們合影。鍾延威提供

直到妻張九妹走進他生命，書中客家女性皆她身影

「我確曾有過與女同事產生感情的經驗，但終歸破滅，後來與張九妹結婚，她少女時梳著兩條辮子，奮勇扛起犁，走在陡坡不疾不徐的身影，也影響了我；因此銀妹、奔妹等我筆下之女性，確有拙荊投影。」鍾肇政不諱言，因與女同事失戀，確讓他對知識女性保持距離，他筆下的客家女性也充滿「大地之母」形象。

「佢哦！吃飯看書，屙屎看書，落大雨，屋肚漏水，佢脈介不識愁。」張九妹曾以這句客家話說鍾肇政的好命，鍾肇政為回報老伴，現多數時間都守在她病榻邊，服侍湯藥。

文壇二老

北鍾南葉，成孤影

台灣文壇大老葉石濤去年十二月十一日去世，享壽八十三歲。與他同年的鍾肇政當時得知噩耗，悲慟不已，讚譽讀葉老作品，「讓人一邊笑，一邊哭；可以逗人笑，也逗人哭。」

鍾肇政、葉石濤被文壇譽為「北鍾南葉」，一客家，一閩南，兩人都屬牛。葉石濤曾比喻兩人有如兩頭勤耕的台灣牛，一輩子都辛勤地在耕耘台灣文學。兩人也都著作等身，享譽文壇。

▼ 鍾肇政在家含飴弄孫，以客家話親暱地叫孫子、孫女「阿老弟」、「阿老妹」。邱德祥／攝影

▲ 2006年在靜宜大學，是鍾肇政（左）、葉石濤（右）最後一次面對面暢談文學。鍾肇政提供

光復後兩老都經歷從日文到中文書寫的艱辛過程，而葉石濤的《台灣文學史綱》，是戰後第一本台灣文學史著作，鍾肇政也讚譽葉石濤是台灣文學研究的奠基者。

九十五年三月十五日靜宜大學舉辦「北鍾南葉」文學對談，是兩老最後一次面對面暢談文學，而在葉老去年辭世後，讓鍾老身影愈顯孤單。

【聯合報記者何來美】

二月河

寫江湖豪氣，畫田園風光

二月河，十年磨劍，躬耕南陽

二月河用毛筆蘸著晨光，在宣紙種上一樹瓜果。他畫的是田園風光，題的詩卻滿溢江湖豪氣：「十年磨劍／劍橫如秋水／文章把臂看／看到公孫神妙處／滿頭白

◀二月河喜歡寫字畫畫。家裡牆上掛著齊白石真跡。陳宛茜／攝影

髮即霜輪」。二月河沒正式學過畫，他的字畫無門無派，墨色酣暢飽滿，彷彿要從紙上淌出來。墨跡稍乾，夫人便拿著印章走進來，熟練地為丈夫落款。

打二月河在電話裡告訴我地址「南陽市臥龍區政府」，我心裡直犯疑：什麼樣的人會住在「官府」裡，難不成真是「皇帝」？通過警衛盤問，穿過漆字「為人民服務」的大牆，只見二月河在小徑盡頭招手。他打開家門，我眼前一亮，一畝青蔥菜田跳了出來。

▲ 二月河的家，很有北方農村小屋的味道。陳宛茜／攝影

二月河

- **本名** 凌解放
- **生日** 1945年生於山西昔陽
- **經歷** 曾任南陽市委宣傳部科長，現為大陸國家一級作家、河南省文聯副主席
- **著作** 《康熙大帝》、《雍正皇帝》、《乾隆皇帝》（小說）、《匣劍帷燈》、《二月河語》、《密雲不雨》（散文）

「我習慣自己種菜。」二月河彎下腰來檢視菜苗，笑容比冬陽還要溫暖。

皇帝作家，出身革命世家

二月河人稱「皇帝作家」，身體裡流的卻是農民血液，出身山西昔陽李家莊。跟他一樣寫清代皇室出了名的，還有高陽與金庸。然而金庸出身海寧世家，高陽是杭州望族，只有寫活了三個皇帝的二月河，不僅沒有一丁點貴族的血液，父母還是「老八路」——把封建階級革掉的共產黨革命軍。

在當年，二月河父母可是梁山泊式的英「雌」好漢。父親凌爾文一九三八年參加共產黨革命軍，母親馬翠蘭隨後隻身夜奔太行山尋夫，也加入了共軍。凌爾文當過昔陽區委書記，馬翠蘭則是新中國第一代警察，做到公安局局長。二月河認為，「我做事的膽氣和豪勁是母親給的，腦力與智慧則受賜之父親。」

二月河出生於一九四五年，出生時，父母剛經歷中日戰爭與上黨大捷（共產黨大勝國民黨）兩場勝仗，一群戰友喜洋洋地為嬰兒取名「解放」，這是雙重意義的解放。

凌家三代都是軍人。二月河在二十一歲那一年投筆從戎，參軍十年；不久前二月河的女兒也做了現代花木蘭。

這樣的時代、這樣的家庭背景，二月河照理該寫揭竿起義的陳勝、吳廣或洪秀全，他偏偏挑了康熙、乾隆。

自學紅樓，放膽寫康熙帝

一開始是《紅樓夢》牽的線。二月河憑著自學被著名紅學家馮其庸吸收為紅學會會員。一九八二年全國「紅樓夢」學術研討會上，一群紅學家從曹雪芹談到曹寅、康熙皇。他們感嘆著康熙缺乏一本像樣的文學作品，沉默的二月河突然冒出一句：「我來寫！」

就這樣，二月河在三十七歲那一年「中年轉業」，拿起了筆桿。

當時二月河還在南陽市委宣傳部上班，只能利用晚上創作。好強的他甚至沒告訴太太這場「皇帝大夢」，深夜一個人偷偷爬起來寫稿。軍隊的訓練給了二月河鋼鐵般的意志，夏天時他把腳放進水桶中驅走炎熱，冬天裡他用菸頭燙胳膊趕走睡意。

南陽地靈人傑，三國亂世之際，諸葛亮隱居南陽臥龍崗躬耕十年，被劉備三顧茅廬請了出去，揚名天下。二月河「夜耕」不到十年，也憑著一卷《康熙大帝》橫空出世，「臥龍」成為飛龍。

「《康熙大帝》還沒寫完時，編輯告訴我，你一定要把康熙的陰險毒辣寫出來。我說我一定要把康熙的『大』寫出來！」

笑起來一臉憨厚的二月河，其實一身反骨。在反封建、彌漫階級鬥爭思想的紅色時代，他干犯大忌，將康熙寫成雄才武略的「大」帝。現在，網路上還有人罵他是「唯皇史觀」、「過分美化帝王」。

五百萬字，全靠祖傳龍椅

二月河的反骨，來自家裡一道根深柢固的陰影。

八年抗戰期間，二月河的父母、大伯先後參軍，爺爺只得僱人耕種老家的田，卻因此在日後的政治運動中錯劃為「富農」階級。戴上「富農」帽子的凌家，爺爺、奶奶慘遭批鬥，父母升遷受阻，就連二月河兄妹的求學、工作都受到影響。

母親在二月河高中時過世，父親晚年趕上鄧小平摘掉所有「帽子」，得到比妻子更高的級別。夫妻倆卻也因「級別不同」，不能同葬。只有清明掃墓時，二月河才能將他們請在一起祭拜，「我恨這樣的級別制。青山已化灰燼，還要講這些東西。」

二月河書房裡有一張祖父傳下、父親用過的太師椅，椅上的龍鳳雕花在「破四舊」時給拆掉了，他卻珍藏至今。「五百萬字的歷史小說，每一字都是在這張椅上寫出來的！」他說這把椅「椅背特別正、椅腳特別長」，在上面寫作氣正字順，「我才可以一寫二十年。」

這把「龍椅」，傳下的是凌家的骨氣。

二月河眼中，父親是一個調兵遣將的軍事奇才，偏偏陷入政治泥淖，終身鬱鬱不得志。凌爾文在一次次政治運動中嚇出病來，晚年得了偏執型精神官能症而嚴重失眠；怕褻瀆領袖，連「毛」衣都不敢穿。「他一生都在躲避別人的傷害，什麼過錯都沒有，卻像一隻驚弓之鳥。」二月河為父親抱不平。

抗戰期間，凌爾文為避漢奸叛徒出賣，足足住了七年墓穴；二月河寫晚年的康熙，為怕兒子暗殺也不敢住在寢宮裡。二月河將宮闈與官場鬥爭刻畫得入木三分，因為他早早便洞悉了人性的陰暗、政治的無情。

諸葛亮成名後離開南陽，為劉備鞠躬盡瘁；大作家二月河卻留了下來。問他為什麼不搬到北京？他答得妙：「到了那裡，我會變成特別優秀的人；在南陽老朋友多，我就是一個不特別優秀的人。」

看破功名，嚮往飄然隱退

二月河早早便體會「盛極而衰」這個道理。他寫起小說不要命，寫康熙時得了鬼剃頭，寫乾隆時突然中風。「那是『雍正王朝』電視劇在中央電視台播出的第三天！」電視劇把二月河推到最高峰，他卻躺進了醫院、在鬼門關前徘徊。

「康熙大帝」中有個特別出色的角色「伍次友」。他是康熙老師，才高八斗，卻因批評時政屢次落榜，無意中助康熙成就霸業，卻寧可退隱山林。二月河說伍次友是作品中「最像自己的角色」——二月河當了十年兵，該升級時卻遇上幹部凍結，加上父母遭遇，他早就看破仕途功名。

另一個南陽名人范蠡，是二月河的理想——在功成名就之際飄然隱退，和西施泛舟太湖。

政府撥給二月河一棟位在「官府」裡的獨棟兩層樓房，讓二月河「大隱隱於朝（朝廷）」。中風過的二月河不再寫長篇，只寫點散文隨筆。外界看他行蹤神祕，傳他病重，其實他在自己的小天地裡自在極了——讀書、種菜、畫畫、寫字、寫文章、下網路圍棋；心情煩悶就到附近的菜市場轉轉，扯著嗓子喊「賣呼拉糖的」。

這樣的生活，就連皇帝也會羨慕吧。

那年二十歲

冰凌解凍，二月黃河呼嘯行

二月河是個謎，他只有高中學歷，卻能寫出五百萬字的歷史小說。他連名字都是謎，本名是謎面，筆名是謎底——凌者冰凌（冰塊）也，冰凌解放（解凍），那是二月的黃河景象，「凌解放」就成了「二月河」。

被目為「鬼才」、「怪傑」的二月河，不僅不是神童，甚至國小、國中、高中都各留級一年。高三畢業那一年，他已經二十一歲了。

這跟父母的教育方式有關。父母工作頻繁調動，有時只能放下他一個人，養成他「野孩子」的性格。二月河愛看《紅樓夢》這些「雜書」，成績自然不好，還常常被老師罵「飯桶」。

二月河自認文史哲素養「不輸任何一個大學生」，但他也明白，自己就像伍次友，不是考試的那一塊料。來不及細想未來，命運幫二月河做了決定——驚天動地的文化大革命來了，所有大學取消公開招考，年輕人不是當兵，就是下鄉勞改。二月河選了參軍，被命運推著走上父母的老路，這一當就是十年。

參軍時，二月河做的是最重的粗活——煤礦掘井一年、打坑道掘井五年。這養成他寫長篇鉅著的耐力，他曾經為了寫工作報告，六天五夜不闔眼，回到家繼續熬夜寫小說。

文革停下了整個國家的文化巨輪，二月河卻說「我沒停！」軍隊是特權，他又經常被派到荒山野嶺，在深夜挑燈夜讀雜書、禁書，比民間還要自由。他還當上了「儒法鬥爭史」的教員，以「批孔鬥孟」為由，光明正大閱讀四書五經。

文革期間多次抄家，二月河偷偷藏了不少抄家抄來的珍本線裝書，包括許多絕版的清人筆記，讓他「功力大增」。他領我上二樓看這些平時不示人的珍藏，下樓時被太太叨念：「怎麼把客人帶上樓了！」

二月河有個怪癖「不上圖書館」。某次上圖書館借書，被館員嫌「你有什麼資格借書！」他從此不上圖書館，寫書需要的史料，都是薪水不高的他自掏腰包、一本本「攢」下來的。傲氣的二月河，簡直就是武俠小說中的人物。

二月河生於昔陽，幼年跟著父母遷徙於洛陽、欒川、南陽，參軍時隨軍奔走，都是黃河流經的省份。他常在夜裡聽見黃河的嘯聲：「猶地在震動，如無數人在呼喚，又像一聲無盡的長吟和嘆息。」他說這種聲音「可以洗浴、可以洗心，把你所有的榮辱憂患，統統洗得乾乾淨淨」。

準備開筆寫《康熙》時，二月河認為本名不像歷史作家，於是想了字謎。二月的黃河，冰凌融解，「突然湧出大批大塊的冰，互相撞擊著、徘徊著順流滾滾東去，一瀉而下」，安靜的黃河發出了嘯聲。

「凌解放」就這樣變成了「二月河」。他三十七歲前的驚風疾雨，化成五百萬字的滾滾大河、浩浩蕩蕩向讀者席捲而來。

其人其事

食量大，酒量好，自嘲豬八戒轉世

二月河是大陸公認「最不像作家的作家」，關於他「不修邊幅」的趣事，在文壇廣為流傳。

某次他去中學演講，吃飯時襯衫沾了油漬，他把衣服前後換了一下，演講時沒人發現異樣。但二月河很為自己的「聰明才智」自豪，到處宣傳這件糗事。

有回他去縣城探望擔任縣委書記的老朋友，警衛看他一副鄉巴佬樣，以為他是來「申請化肥指標」，怎麼都不讓他進門。二月河只得用菸盒紙當場做了個名片遞進去。

二月河不愛穿襪子。他去西安電視台做人物專訪，電視台的標題就是「不穿襪子的大作家」。二〇〇三年他去馬來西亞演講，這是他生平第一次，也是唯一一次出國，考慮到「國際形象」，他特意穿上了襪子，於是馬來西亞媒體的標題變成

「穿布鞋的大作家」。

二月河飯量驚人，就連跟農村來的小子比食量，也能「看得他們目瞪口呆」。童年時一位叔叔想試他的食量，請他「拉麵吃到飽」，二月河不記得吃了幾碗，只記得吃到得了「急性胃擴張」，在醫院躺了三天三夜。他招認「我是豬八戒托生」，卻忍不住自豪：「如果我不是天生吃這麼多，哪有體力寫這麼多字？」

二月河有兩個綽號，一是「錢包」，跟朋友相聚時，他喜歡搶著付錢；二是「酒瓶」，酒量跟食量一樣驚人。他透露，大陸目前有三家酒商將「二月河」註冊為商標。猜想命名為「二月河」的這款酒，應該是粗獷中帶溫柔的烈酒吧。

【聯合報記者陳宛茜】

鄭愁予

詩魂伴海洋，鄭愁予把故鄉帶著走

「我的一生不存在故鄉」，詩人如是說。如果硬要幫他定義「故鄉」，無盡包容的「海洋」以及一縷人道關懷的「詩魂」，是最有可能的寄託。

◀落籍金門三年半，鄭愁予最愛漫步慈湖畔。張天雄／攝影

這土地我一方來，將八方離去。～〈偈〉

頭戴牛仔帽，身著麂皮外套，足蹬牛皮涼鞋，腕上戴一只運動表。詩人鄭愁予漫步在金門慈湖畔，時爾駐足。粗獷豪邁的造型難掩詩人的纖細：落籍金門三年半，這裡是他最常來散步的地方，海邊的夕陽是吸引他徘徊的原因。

舉家遷台，忠烈斯土

曾創作〈錯誤〉、〈偈〉等著名詩作的詩人鄭愁予，是鄭成功第十一代孫。詩人出生於濟南，成長於台灣，後來旅居美國，晚年選擇回到金門定居，回到鄭氏先祖曾經叱吒的海域。

在山東濟南出生剛滿月，鄭愁予就隨父親去了北平，祖籍河北寧河一生中只在小學時住過幾個月。他的父親名長海，字曉嵐，在台曾任三軍聯大戰史系主任、戰術系主任、教務處長等教職。他嚴謹的軍人性格對浪漫

▲ 鄭愁予（後排左二）四代全家福，父親鄭長海（前排左一）總坐得端正。李承宇／翻攝

唯美的兒子影響相當大，鄭愁予自嘲，現在常在公共場合或電視台錄影，「總是坐得直直的，很呆板」，就是得自父親的身教。

「我一生最大的遺憾之一就是他的著作《宋朝戰史》未能出版」。鄭愁予回憶，這本書的手稿他親手拿給當時立法委員吳延環過目，後來他又親手拿回來。吳延環（筆名誓還）兼中央日報主筆，告訴他：「這是一本見解精闢的論著，只是批評宋朝太監監軍制度使訓練精良的宋軍不能發揮戰力的觀點，可能會被懷疑是對政工制度的諷喻。」

吳延環是國民黨中央委員，這樣說是為了保護好友，「這本書現在可以出版，但手稿已不在了。」鄭愁予的父親辭世時，軍中高級將領泰半受過他的教育，葬禮有八位中將戎裝抬著國旗覆蓋的棺木，全程軍樂儀仗。「我父親一生，從戰場、指揮部到講壇，都是忠膽軍人」。

國民政府退守台灣，那年鄭愁予十六歲。在來台的船上，父親對全家人說：「我們一家是準備去犧牲的。」金門寒風獵獵，鄭愁予拉緊帽帶，在慈湖邊上的三角堡回憶這段往事。金門的戰地遺存，對鄭愁予來說是一種感懷。

▲中學時的鄭愁予。李承宇／翻攝

肅殺氛圍，自焚詩集

這裡曾是國共對峙時的最前線，隔海遠眺，廈門的高樓大廈宛如海市蜃樓般依稀可見。

「詩人很少在故鄉寫詩的。」鄭愁予說，心中的歷史文化情懷比在什麼地方更重要，「我的故鄉是「portable」（可攜帶）的」。

斯人一朝操竿在手，卻掛著一串，風乾了的言官的舌頭。～〈節操的造型〉

國府遷台初期的肅殺氛圍，差一點埋沒了一位詩人。鄭愁予來台先到台大註冊借讀，加入了文藝和土風舞等思想偏左的社團；這些左傾社團受到調查，同學程源申因此被退學，他為了保護鄭愁予，燒掉了手邊鄭愁予從大陸帶來的書籍，以及出版的第一本詩集和存稿。鄭愁予看到這種態勢，跑到新竹中學從高三念起。回想當年，「在白色恐怖年代，唯一保全個人的方式大約就是自焚自己的歷史」。

▲鄭愁予在基隆港務局工作時的通行證。李承宇／翻攝

澎湖訪軍，拾筆抒懷

「我本來準備不再寫詩了」，直到赴澎湖大學

·**本名**：鄭文韜

·**出生**：祖籍河北寧河，為明末及有清一代世襲軍事家庭；出生在山東濟南

·**學歷**：在台灣新竹中學，國立台北大學（前中興大學法商學院）畢業；美國愛荷華大學英文系創作藝術碩士，新聞學院博士班結業（1968-1973）

·**經歷**：在愛荷華、耶魯大學、康州三一學院、香港大學、國立東華大學，歷任資深導師、教授、榮譽教授等職，現為國立金門技術學院及耶魯駐校詩人及終身榮休（Professor emeritus）。早歲曾擔任《聯合文學》總編輯、青年寫作協會執行長

·**詩集**：在海內外出版十六種，《夢土上》、《窗外的女奴 》、《衣缽》合訂本《鄭愁予詩集I》合計出版150刷，詩集《燕人行》、《雪的可能》、《刺繡的歌謠》合訂本《鄭愁予詩集II》，自2004年元月出版日起，在金石堂網路暢銷榜連續多周居詩類榜首。《寂寞的人坐著看花》獲國家文藝獎；作品被香港、台灣、新加坡、大陸選為官定國文教科書教材；並採作碩士、博士、論文主題

·**榮譽**：《鄭愁予詩集I》被選為二十世紀文學經典之一，為詩類得票最多；被選為 「三十年來對台灣最具影響力的三十本書之一」，是唯一詩集；《文訊月刊》問卷選為最受歡迎副刊作家，為詩類之首，亦為所有文類得票最高者。屢獲海內外多所學校團體頒終身成就獎

生軍中訪問，鄭愁予為激情所動，寫下來台後的第一輯詩，在《野風》雜誌發表〈老水手〉。

不存在故鄉的詩人，選擇最具包容性的海洋作為心的歸宿。「我一生中大半時間住在海邊」，祖籍河北寧河濱臨渤海灣；大學念統計，不像大多數同學選擇坐在城市裡的辦公室，鄭愁予自選到基隆港務局，「這段時間我的詩作特別多」。近年他落腳金門，離海更近了。他自己算了算，至今七十六年的人生歲月，在海邊就度過逾一甲子。

他連在美國也住在康乃迪克州海港邊的北海芬市（North Haven）。卅四歲那年，已頗具文名的鄭愁予受邀前往美國愛荷華大學訪問，時值保釣運動方興未艾，詩人被選為愛荷華大學保釣會主席，連兩任。

源源詩句，豐饒生命

盼望啊，鄉國的土壤有一天，也這麼地，連天越野地，肥沃起來。～〈在溫暖的土壤上跪出兩個窩〉

在一間由古厝改建成的民宿前廳，鄭愁予據著八仙桌的一頭，就著一杯酒，回憶當時的壯懷激烈：當時留學生在國外，看到人家富裕的生活、肥沃的土地、筆直的大路，「難免與自己的祖國比較，愛國情緒自然升溫」。保釣並不是鄭愁予參加學生運動的初體驗，十五歲還在北平時，他已經隨著大學生的示威隊伍，呼著「反內戰、反飢餓」的口號。

淡遠低調，危機不起

「大學生為正義而發出怒吼」，鄭愁予為保釣下了如此註解；杯中酒未空，詩人的澎湃熱情已讓旁人的心暖了起來。對「人類狀態」（human condition）充滿強烈的同情與批判，對國族文化、歷史情懷的積累與沉澱，加上自幼在戰亂中的顛沛流離，化成鄭愁予筆管中的墨水，源源不絕寫下扣人心弦的詩句，同時也為他的人生帶來一段鮮為人知的轉折。

被選為保釣運動主席，鄭愁予上了台灣政府的黑名單，護照被取消，加上此時妻兒已來美團聚，幼女也出生，一家五口人的去留面臨困境。

他這才發現，當初在台灣美國領事館辦簽證時，有位台灣籍的官員是他的「詩迷」，覺得他應該在美國多留一段時間吸取更多西方文化，於是擅自把兩年期的訪問學人簽證，改成可以停留五年的交換學生簽證；想不到這意外解決鄭愁予的危機，在他護照取消後，還能留在美國求學。

後來，鄭愁予因為父親去世才得以暫准回國。「父親如果地下有知，靈魂會得到最後的安息吧！」他說，詩友很多都從過軍，父親過世時，詩友從全台各地

▲ 鄭愁予二十九歲時與妻子余梅芳結婚。李承宇／翻攝

到新竹參加葬禮，他們的父母有在大陸的，情況未卜，「父親的去世令他們哀慼不勝。」鄭愁予當時寫了長詩，在父親墓前焚燒。

夕陽餘暉穿過古厝的門扉，斜照在詩人的面龐。鄭愁予淡淡地說，這段往事算不上是他人生的轉捩點，「我的氣質淡遠低調，沒有想要成就什麼，從來沒有什麼機遇，也就沒什麼危機。」

歸人過客，都成道理

一如他覺得自己之所以會成為詩人，都是很自然的事。就是一股「生來就對人類生命存在的關懷，形成我人格特質的一部分」。

鄭愁予說，希望讀者能更多層次地去瞭解他寫的詩。他傳誦最廣的詩句：「我不是歸人，是個過客……」，「歸人」或「過客」不能只從「地方」來解讀；放大到生死的範疇，「世界上沒有人是歸人，都是過客」，而對大自然來說「沒有過客，都是歸人」。不常解釋自己詩作的詩人，如此下了註解。

那年十五歲

人道關懷火苗，寫成憂國詩篇

現在十五歲的少年，應該剛升上高中，正忙著玩社團、談戀愛。十五歲的鄭愁予，生逢戰亂，剛寫下人生第一首詩；也跟著大學生上街頭呼口號反戰。

十五歲的鄭愁予，少了青澀靦腆，多了幾分憂國憂民。

鄭愁予說，自己這一代人年輕的時候，離五四運動不遠，歷經對日抗戰及國共內戰，「所以還會傾心關懷國族命運」。他目前在金門技術學院任教，觀察到現代年輕人很少想到這些民族大義，他建議現代年輕人想「大」一點、「要多一點感動的力量」。

但鄭愁予也沒有跟年輕人脫節。談到歌手周杰倫的中國風歌曲火紅，詩人微笑說：「周杰倫在唱中國風的歌曲前，應該先來讀讀我的詩。」

十五歲的鄭愁予，從北平附近門頭溝煤礦遊覽回來，寫下〈礦工〉這首詩：「當你一生下來，上帝就在你掌上畫下了十字」。

這首初試啼聲的作品，讓他有了「詩言志」的體會——一種可以直接、強烈表達人道關懷的創作工具：「詩不是說謊言的擴音器，也不是作偽的宣傳」，「它抒發了我的性情」。

「人一開始是詩人，就很難改變秉賦」，寫了一輩子詩，鄭愁予覺得「詩」已經內化成自己的「氣質」；這股氣質是對人類的關懷、對社會的批判，也是評價一個詩人的基本標準。

鄭愁予也將對國族、生命的關懷付諸行動。他在高一、高二時已是學運成員。當時國共內戰，民不聊生，很多同學輟學。

年輕人將憤怒投向政府，加上左派影響，「當時八成大學生都是站在反政府的立場」。不像五四運動的口號：「外爭主權，內除國賊」，詩人十五歲時在街頭呼喊的口號更迫切、更實際：「反內戰、反飢餓」。

鄭愁予回憶起六十年前的往事，一幕幕景象彷彿黑白紀錄片般歷歷在目；那股人道關懷的火苗，在詩人心中一燒就是一甲子，燒成了彩色的舍利。

兒子懂他

有艘遠渡的船，詩人未竟的夢

詩人鄭愁予有個夢想，就是「擁有一艘可以航行到遠方的船」。提到這個夢，詩人的眼睛亮了，語氣也興奮了起來。

小時候在老家，表哥常帶鄭愁予到薊運河邊遍布蘆葦的河叉子玩耍。有一回，表哥指著一處沒有蘆葦的平坦地方，告訴他：「這裡曾經是鄭家的碼頭。」當時鄭家有一艘船泊在那裡，每兩年會往返福建一趟做些貿易。

這段話在詩人心中滋生了一個夢想：「我長大了一定要有一條船，而且一定是要能航行到遠方的船。」這場夢，至今尚未實現。

在美國，鄭愁予的兒子初入職場，拿到了第一份薪水，有心為老爸圓夢，就提議：「我們合買一條船吧！」到了賣船的展覽場，看到真能出海航行的船的價格後，「買船的念頭又擱下了」。

詩人的一生，似乎都繞著這個夢想打轉：在從黃埔準備渡海來基隆的江寧號船頭，少年鄭愁予一次次從船頭往水裡跳，彷彿意識到日後難有機會再親近故鄉水。在新竹念中學，與同學到南寮看船則是他當時最好的遊興。

大學畢業後，鄭愁予到基隆港務局當管理員，多少也是因為想要親近船。但他每天例行的工作只是到泊在港中的船上辦事而已；少數出海的機會，是坐海關補給船到彭佳嶼。

「海上的夢，是可以不必實現的。然而，我永遠少年的靈魂，仍在驅使老年的身體。」今年七十六歲的鄭愁予，訴說完從小到大的「逐夢」之路，卻下了如此悵然的結論。他的航海夢，依然在心中占據著一方顯著的位置，但睿智的詩人，已瞭解「放逐」的真諦。

【聯合報記者李承宇】

▶鄭愁予、余梅芳夫婦合影。攝影／陳福全　鄭珍／提供

劉慕沙

六十餘部譯作，邊做飯邊譯書

「醫師千金跟外省兵跑了！」民國四十四年，苗栗縣銅鑼鄉保守的客家庄中剛滿二十歲的醫師千金劉慕沙，為追求文學與愛情，與外省軍官朱西甯登報結婚，震撼了純樸故鄉。

在那個「嫁給外省人不如剁給母豬吃」的年代，劉慕沙以「出奔」來形容她對愛情的追求。她的三女朱天衣如今說：「媽媽算是最早『解放』的客家婦女。」掙脫傳統枷鎖，父親朱西甯給了母親更寬廣的文學空間，讓劉慕沙在日本文學翻譯領域表現如此耀眼。

保守客家庄，醫師千金出奔

劉慕沙本名劉惠美，外公李金盛是實業家，曾與日據時代台灣總督府民政長

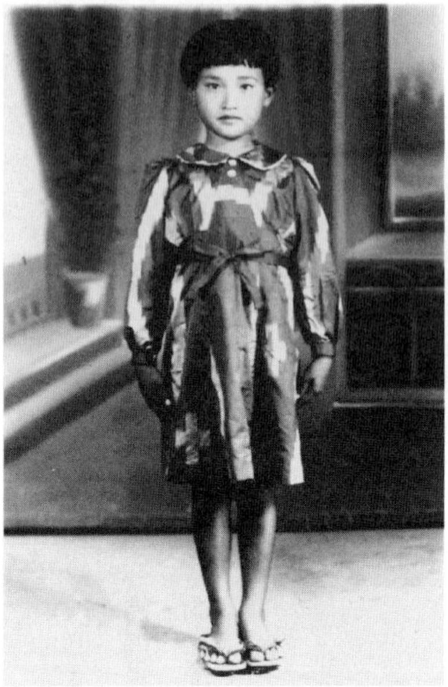

◀劉慕沙念小學二年級時，穿著木屐的可愛模樣。

官後藤新平到西伯利亞考察鐵路。她的父親劉肇芳是台北醫專（現台大醫學院）畢業，返鄉懸壺。劉慕沙在此優渥環境長大，敢冒大不韙「出奔」，的確驚動鄉里。

「我與朱西甯只見過四次面，加起來不到二十四小時，就決定與他廝守終身，現在想起來還真有點冒險。」劉慕沙與朱西甯相識，緣於她新竹女中的同學劉玉蘭。

朱西甯在南京認識一位女孩叫劉玉蘭，朱西甯隨青年軍來台，在報上看到劉玉蘭獲全國軟網女子冠軍的新聞，於是寫信與劉玉蘭問她是否為舊識，才弄清原來只是同名。劉慕沙幫著劉玉蘭打草稿回信給朱西甯；但劉玉蘭不再回信給朱之後，劉慕沙還繼續寫，牽起情緣。

鳳山覓新房，家書求父成全

劉慕沙說，她和朱西甯通了上百封信，說是「情書」，不如說是「勵志信」；

◀朱西甯與劉慕沙在高雄地方法院公證結婚後留影。

朱的信每封都文情並茂，深深打動了她。在竹女畢業後，回銅鑼鄉下擔任代課教員，仍瞞著父母與他通信。當時社會氛圍認定嫁給外省軍人沒出息，劉慕沙只有「出奔」一途。

兩人就在鳳山覓了簡單新房住下，離家出走的女兒寫了封信給父親：「爸媽也是戀愛結婚，我找到了神仙伴侶，願意與他攜手一輩子，希望爸媽成全。」

不過，父親沒有回信。後來是叔叔劉肇嘉過年返家未看到她，問清原委才到鳳山帶她回家。劉慕沙不敢直接回家，先躲到外婆家。母親見到她，就說：「你怎麼那麼傻？」

叔叔接回家，父女哭成一團

「我忐忑不安地回家，父親在二樓等我，我叫了聲『爸爸』，並說『傑克』（家裡養的狗）還認得我。父親則說：『你還曉得叫我爸爸。』」劉慕沙說，當天她與父親都流下眼淚。後來父親才問朱西甯幾歲，哪裡人。

結果，叔叔帶她回苗栗那天，下班回家的朱西甯回來見人去樓空，家裡留了一盆洗澡水，失望地裝了瓶水作紀念，一個人無助地跑到教堂大哭、禱告。

斯文朱西甯，跟老爸很投緣

「父母親對外省人的印象是外省人都很『魯夫』（粗魯），看到朱西甯與一群朋友，覺得他們很斯文、有禮貌，觀念才改變。」劉慕沙說，父親後來跟朱西甯很投緣，有陣子軍旅調動頻繁，她在娘家住了一陣子，次女天心會講客家話，就是那時學的；三女天衣也在銅鑼出生。

她說，朱西甯出身山東傳道人家庭，很早就受到西方文化的薰陶，祖父是舉人，朱西甯念過杭州藝專。朱西甯遺作《華太平家傳》寫的就是他爺爺的家族史。

朱西甯大劉慕沙九歲，婚後夫妻在文學領域各開創出一片天。朱西甯曾主編《新文藝》、任職黎明、新中國出版社，長短篇小說、散文創作豐富；劉慕沙則著重日本文學的翻譯，並偶爾寫作，翻譯、創作作品亦達六十餘冊。

◀劉慕沙生在日據時代國語家庭，日語功力是在日常生活中打下的，後來成為知名的日本文學翻譯家。邱勝旺／攝影

劉慕沙

・**年次** 民國二十四年（中部大地震那年）

・**學歷** 新竹高女畢業

・**文學創作** 〈笑卜〉、〈沒有炮戰的日子〉、〈春心〉、〈家國劫成〉

・**翻譯作品** 翻譯川端康仁《雪鄉》、大江健三郎《換取的孩子》等六十餘部日本文學小說、散文

・**嗜好** 關心流浪狗貓、打網球、合唱、寫作

自由的空間，婚姻最大幸福

◀朱西甯、劉慕沙夫婦和三位女兒朱天文、朱天心、朱天衣合影。

受文學薰陶，天文、天心、天衣三位女兒都成為名作家，民國六十七年姊妹與馬叔禮、謝材俊、丁亞民、林端等年輕作家發起《三三集刊》，兩夫婦是推手，三十年來為台灣文壇培養不少作家。

劉慕沙說，嫁給朱西甯最大的幸福，是給她最自由的空間，在眷村沒有婆媳問題。若當客家媳婦，連過年甜粄（年糕）是否蒸得漂亮，都是壓力。她雖未當客家媳婦，每年過年仍炆了大鍋的客家竹筍，與朋友共享。

冬冬的假期，苗栗老家入鏡

朱天心創作的〈綠竹引〉、天文〈安安的假期〉後來合編成劇本《冬冬的假期》，由侯孝賢拍成電影，其中西湖溪、銅鑼媽祖廟、外公「重光診所」兩層木造樓房全部都入鏡，有如溫馨童年的回顧。

「我是中部大地震（民國二十四年）那年出生的，韌性本就較強。」劉慕沙說，每次回娘家，看到父親劉肇芳在中部大地震後用木材打造的二樓洋房，備感窩心，如今這棟洋房已被苗栗

▶劉慕沙父親劉肇芳興建的二樓木造洋房，曾經入鏡電影《冬冬的假期》，也被苗栗縣政府列入歷史建築。何來美／攝影

縣政府列為歷史建築。

回鄉思親人，著手寫家族史

劉慕沙說，每次回鄉睹物思人，她也想效法過世已十年的朱西甯，撰寫家族史，並已著手寫作。

在台北市興昌里，劉慕沙與女兒朱天文、朱天心一家，收容照顧流浪貓狗多年，每天巡視、照護社區裡的貓狗居民。劉慕沙也準備寫本流浪貓狗的書，呼籲大家尊重生命，善待動物。

作者與讀者間的橋梁

三十餘年譯作不輟

劉慕沙僅受過四年日文教育，卻成為當代台灣文壇最多產的日本文學翻譯作家之一。她深厚的日文底子，除了家學淵源外，從小喜歡閱讀日本課外讀物，更奠定了她扎實的日文基礎。

「我生在日據時代『國語家庭』，從小父母就講日語。」劉慕沙說，小學她受了四年正規日本教育，但有一兩年常在躲空襲，日文基礎反而是家裡打下的。考上新竹女中後，發現高中部同學幾乎都在講日語，連火車上役夫（苦力）也講日語。

她說，從小她就很喜歡看日文課外書，看了不少日本、世界文學名著。她學會打網球後，常跟一群歐吉桑練球，他們都講日語，更加深日語程度。

婚後，朱西甯鼓勵她寫作、翻譯，處女作為短篇小說〈笑卜〉。民國四十六年她以〈沒有炮戰的日子〉獲台灣省婦女寫作協會小說獎；民國四十九年回銅鑼家鄉暫住，生下三女天衣後，開始翻譯，首篇譯作〈紫鈴蘭〉是那時完成。

「民國五十年起，我在《皇冠》雜誌翻譯較通俗的推理小說，因為不是純文學，文字淺易，我可以一邊淘米做飯一邊翻譯。」劉慕沙說，她翻譯是由簡而繁，翻譯推理小說熟練後，再翻譯「中間小說」（介於文學與大眾小說），最後翻譯純文學；前後多達六十餘部（包括成集而未出版的），直到近十年，譯作才減少。

民國五十四年，她同時出版短篇小說集《春心》和翻譯陳舜臣的長篇小說《黑色喜馬拉雅山》，從此她以譯作為主，創作減少。三十餘年來，她先後完成了川端康成的《雪鄉》、《女身》，三島由紀夫的《仲夏之死》、《美德的動搖》，井上清的《樓蘭》、《敦煌》；另菊池寬、志賀直哉、石川達三、大江健三郎等經典文學作家的作品，獲得文壇肯定。

劉慕沙說，每翻譯一部文學作品，她總以接受原作者「託孤」的心情，希望把原作的語意和風格神韻，完整地傳達給讀者，做好作者與讀者之間的橋梁。在文字修辭上，朱西甯給她很大幫助，不懂的字常空個格，請丈夫幫忙填空。有時忙著譯作交稿，連給女兒送便當都耽擱了。

這些譯作歲月，如今回味，格外甘美。

都愛文學

替同學捉刀，捉住好姻緣

「盼希望之燈，幫你找到劉玉蘭。」一封劉慕沙為好友劉玉蘭起草的信，卻促成劉慕沙與朱西甯的姻緣，成了文壇朱家最浪漫的故事。

台銀桃園機場分行經理退休的劉玉蘭說，劉慕沙和她從幼稚園到高中都是同學，還一起加入網球隊，成最佳拍檔。兩人代表學校出賽，高二時獲社會組雙打全國冠軍，鳳山陸軍官校上尉軍官朱西甯寫信給她：「很冒昧，你是否來自南京的劉玉蘭？若是請回信。」

劉玉蘭說，朱西甯的信文情並茂，字又寫得漂亮；劉慕沙起了草稿，要她抄了覆信。朱西甯回信並寄來文學作品，兩人不禁讚嘆「作家喔！」後來，他寄來軍裝照，同學們都說：「哇，帥哥耶！」

劉玉蘭說，從高二

▶劉慕沙（左）與好友劉玉蘭，高二獲得網球雙打全國冠軍。

到高三與朱西甯通信未斷，回信都是劉慕沙捉刀。直到高中畢業時，女訓導主任告訴劉玉蘭：「朱西甯人格很好，才讓你繼續交往。」她才知道朱西甯寄來的每一封信，訓導主任與多位女老師都已經先檢查過了。

篤信基督的朱西甯在信末都會繪一張小畫，並加上基督名言，相當有意境。

劉玉蘭說，竹女畢業後，她仍與朱西甯通信，少了劉慕沙捉刀，朱西甯常糾正她的錯字；後因父親震怒：「怎跟外省阿兵哥通信？」筆友關係就斷了。

但是劉慕沙因為喜歡文學，已主動與朱西甯通信，造就這段外省兵與客家小姐的文學情緣。

【聯合報記者何來美】

殷琪

這個殷琪，小學初高中，都沒畢業

「媽媽，人為什麼要上學？」這是殷琪的女兒對她提出的大哉問，也是殷琪兒時問過，至今仍在思索的問題。

大學文憑，對老爸的承諾

「我不知道。我只能告訴她：我曾經跟你一樣，也不喜歡上學，我逃走了；而且我到現在還是不知道答案。」但母女約定：只要念完高中，女兒就自由了。

五十三歲的殷琪大笑：「因為我老早體會過不上學的好處。」

名片上有著幾個董事長頭銜的殷琪，除了念完幼稚園那天，她曾經別著小紅花上台領過畢業證書之外，小學、初中、高中，她全沒念完，不是休學就是被開除。在台灣、美國兩地漂蕩，直到她向父親許諾，要念出一張大學文憑送他。那是她生平第二張畢業證書。

我不叛逆，我有許多疑問

「我從不覺得自己叛逆，我的父母也從沒說過這兩個字。現在想來，以前的我有許多疑問，卻找不到答案。」在大陸工程三十一樓的董事長辦公室裡，午後冬陽透過大片玻璃窗灑落下來，一室燦爛。光線可能是這裡最亮眼的裝飾了，海邊拾來的巨橡漂流木被珍重地懸在牆上。偌大空間裡，極空、極簡，非常大氣。

殷琪辦公桌後方，掛著比真人還巨大的影星艾爾帕西諾素描。畫中人酷酷地矮身抄起撞球桿，睨眼盯著前方，彷彿下一秒就要蓄勢擊發。

「我非常喜歡他，每年都要複習《教父》，很多台詞我都會背了。」畫像彷彿某種線索，讓人看見她內在的不羈。

殷琪

- **現職**：大陸工程公司董事長、台灣高鐵董事長、浩然基金會董事長
- **年次**：民國四十四年
- **學歷**：加州大學洛杉磯分校經濟系
- **經歷**：

台橡公司董事長

國策顧問

台北之音董事長

曾被美國《財星雜誌》選為亞洲六位最有影響力的女性企業家之一

▶「率真」是殷琪鮮明的人格特質，談到精采處，她開懷大笑。五十三歲的她才剛發現第二根白髮，珍而藏之，就怕搞丟了。高彬原／攝影

不安的心，總在尋找出口

朋友形容殷琪是「永遠在探尋答案的，不安的靈魂」；她則感謝企業家父親殷之浩、文學家母親殷張蘭熙容忍她年少不知所以的漂蕩和探索，任她尋找出口，安頓自己。

小學是她十分不愉快的記憶，「我只能用『痛恨』兩個字形容。」記憶裡那是：「一根旗杆，旁邊站著一個老是在罵學生的大人。」

老是挨罰，小五自我解放

課堂上，小楷寫出框框了，重寫；沒寫完，不准吃飯。學生犯了錯，就去罰站牆犄角兒。有次，她為被罰站的同學出頭，於是，「我就被打了。」殷琪形容老師用雞毛撢子當教鞭打手心，還要把纏在柄上的藤皮給「un-wined（拆下）」！幼時的不平，至今還聞得到火氣。

▶兒時殷琪與家人，後排左起父親殷之浩、哥哥殷作和、姊姊殷平與母親殷張蘭熙。

她忍到五年級，不幹了，「我要從學校逃走。」不上學的日子，她跟著一位陳太太學英文，祕密想像著有一天浪跡天涯。

火攻校園，美國學校難容

即使初中念了學風相對自由的美國學校，殷琪還是被開除。「原因很無聊啦。」學校設了一個小島，上頭放個「思考者」雕像，島名「Senior Island」，殷琪和朋友不服氣：「只有senior（十二年級）才准思考？」一夥人放了一把火，火燒島。

「小孩子需要一個理由對學校做些不禮貌的事。」殷琪說。但別人看來「偏差」的「火攻學校」、抽菸，父母沒有懲罰，因為「自己做的，你就得扛；學校罰了你，夠了」。

再者，「我猜我父親對我這些行動，他心裡是有點樂的——我做了他想做的事。」現在，殷琪深情地說：「我愈來愈像他了。」

十四歲赴美，仰望反戰遊行

再度離開學校，她到了美國，那時正是反越戰運動的尾聲，十四歲的殷琪「恨不得快快長大」，跟著反戰遊行的人群幹些什麼事兒出來。

▶年輕的殷琪到巴黎探訪六〇年代搖滾樂團「The Doors」主唱Morrison墓地，與他的頭像合影。她的鬈髮造型當年很流行。

她常到著名的文化地標，舊金山的「City Light」書店朝聖，「去聞那些書的味道。」想像著那些「垮掉的一代（beat generation）」作家就在她眼前，可能是寫出小說《在路上》的傑克．凱魯亞克正坐在書堆中，手上的菸灰無聲地掉在地上；或是亞倫．金斯堡正朗讀自己的詩，反主流嬉皮客吸著大麻、喝酒、讀詩……

但真實的情況是：殷琪說，她看得出那些大人的眼神在說話：「喂，小鬼，回去多讀點書再來吧！」

一九七七年，她實現對自己的承諾：大學畢了業。她送父親文憑時，看見他臉上的驚喜。「他們繫在我身上的那根線，要夠長，又不能鬆得讓它溜掉。等我當了媽媽，才知道那有多難。」

安定下來的殷琪回到台灣，進入大陸工程當父親的跟班。那時，台灣還是戒嚴，家裡訂的英文雜誌，若不是敏感字詞會神奇地槓上黑色塊，要不就是某幾期永遠收不到。殷琪說：「我覺得不能呼吸了，這裡沒有自由的空氣。」

高鐵十年，就當是場修行

殷琪自嘲：「前高鐵」時代的殷琪是率性的，「想做什麼就做什麼，我不會給太多理由。」但是，三十餘歲從父親手裡逐步接下大陸工程、讓老字號的大陸工程股票上市，由公共工程出發，再擴展至住宅、社區、造鎮，十年內營業額成長三十倍。接著懷孕生女、投入台灣首遭的高鐵BOT計畫。殷琪承接了常人頗難想像的考驗與重擔，其間有太多的自我修剪和調整。這並不容易，她說：「就當高鐵是場修行吧。」

龐大的BOT案有高度政治性，加上技術複雜，她得與各方勢力周旋。殷琪說，至少她學到一件事：中文太奧妙了，真正的重點常是藏在措辭背後的暗示與角力。如今，「我的中文進

▶高鐵通車前的一次春酒，殷琪率主管扮大廚及侍者，服務員工。

步太多，但是絕對不能再好了。再好，我就會變成虛偽的人。我不喜歡。」

增資不順，工地尋求安慰

當增資不順、種種批評讓她難受的時候，她的對策是：「走，去工地。」工程師出身的父親教給她韌性，工地總能安慰她。當她戴著黃色工程頭盔，眼見「灌漿的灌漿，打樁的打樁，看著他們，就能把我拉回到事情的本質：要把這條鐵路蓋好」。

當高鐵橘白身影終於在台灣島上疾行，殷琪真誠地說，高鐵十年，不是個愉快的過程，但她喜愛與她共事的夥伴。「我從不後悔，但如果重來，叫我再做一次BOT，謝謝，絕對不幹。」

五十五歲交棒，人生還給自己

事業之外，女兒及宗教給她極大的安定力量。身為藏傳佛教弟子，她日日早課，也曾向聖嚴法師請益佛法，談生死、談世界，也談企業責任。她對師父說，五十五歲她就要在事業上交棒，「我看到很多經營事業的長輩及同輩，到了一個歲數就不會放手了」；她不想這樣。

「五十五歲，很棒的年紀。」回首走過的路，「我過得算豐富了，人生該做的，都做過了，明白許多事其實也沒什麼了不起。」事業不是她生命的全部，她要把人生還給自己。「我還可以做些更『有營養』的事。」

近年她一頭栽入理解奴工問題，發現全球的奴工人口比率是有史以來最高，許多地區的人世代為奴，八十美元竟可以買一個人，七歲的小孩從來不知道自由人的滋味……殷琪說：「我非常吃驚，這麼重要的事，竟然我們都不知道。」

同情奴工，真想殺了人蛇

有時她徹夜上網，讀到義憤填膺，上班後還餘怒未消。找來年輕朋友討論可以做些什麼，朋友告訴她，許多地區的奴工都是被集團老大控制的，生活條件極不人道。年過五十的殷琪忘情地大喊：「我們可不可以派人去殺了這些老大？」

朋友眼中，殷琪若不是肩上擔了父親的愛與事業，這位「超級熱血的資深青年」，早就該像她早年敬佩的古巴革命家切‧格瓦拉，跨上摩托車，打抱不平、巡視天涯去了。

那年二十歲

著迷共產黨教授，選讀經濟系

「二十二歲那年，我看了這輩子最多的電影。」那是在美國加州大學的聖塔芭芭拉分校（UCSB），一個靠海的美麗校園。在那之前，年輕殷琪剛結束餐館打工端盤子的人生體驗，流浪返家，幾經思考：「好吧，還是念個大學吧。」

上學這事兒，對殷琪一向不是那麼順當。她決定，把大學文憑送給父親，那將是她此生送給父親的第一個大禮。

更何況，她和父親才剛言歸於好。十八歲那年，她在美國佛羅里達，殷之浩在台灣，父女兩人跨海吵了個大架，「打電話吵、寫信吵」，但是，到底吵什麼，「我們都忘了。」父親少見地發怒，說她若不聽話，就斷了她的生活費。殷琪自是不屈服，一聲不吭，到一家彈子房酒吧打工端盤子。

「啊，那是我這輩子最好的體驗。」回想當年那個總是放著鄉村音樂的大學城酒吧，來來去去的酒客、一大缸pickles，一大缸豬腳……殷琪帶著微笑沉思，彷彿光陰隧道那頭，是個更好的時光。

在端盤子生涯中，她學得「第一眼就要能判斷該如何『處理』這個人的敏銳度」、怎樣應對可以獲得更多的小費；更重要的，「我獨立了，我證明我可以。」

二十歲前的殷琪一直是漂流的，直到終於想通：「大家都念大學了，我也念吧。」

會選上UCSB，都是因為白先勇。殷琪的母親殷張蘭熙是引介台灣文學到西方世界的重要推手，白先勇曾是她英詩班的學生。多年後，白先勇到了UCSB教比較文學。

「我不確定要念什麼，我想，看在我母親分上，白先勇多少會照顧我一點吧？」她考了高中學力證明，搞定大學申請、背著行囊到學校報到，赫然發現——「白先勇那年竟然是休息年！」

第一堂課的教授「非常嚴肅」，殷琪當下轉系，改念電影。看了半年電影，她對自己喊停。很多朋友那時都在UCLA（加州大學洛杉磯分校），她決定轉學。

UCLA經濟系有位出名的Baum教授，極有魅力，而且，「大家傳說他是美國共產黨」，多炫呀。年輕殷琪對六〇年代的反叛氛圍非常著迷，於是為了「傳說中的共產黨」，她選了經濟系。這是殷琪式的浪漫。

從此馬克思、共黨宣言等左派與非主流思考，打開了她看世界的另類眼光。換了兩所大學、三個系，殷琪終於結束求學路上的漂流，在此定錨，並嘗到知識的喜悅。

不婚生女

重病老爸嘆無孫，「我幫你生」

在殷琪辦公室最溫暖的角落，有她兩名女兒送給媽媽的勞作：亮藍加黃斑點的小蛇和站立的紙鳶，還有一幀笑顏滿盈的小女孩合影。

在眾多屬於殷琪的「傳奇」裡，「不婚生女」是那個保守年代裡震撼度最強的一項。少有人像她有勇氣可以如此從容地將婚姻與生子分開進行：在結束兩段婚姻之後，她決定生下屬於自己的小孩。

現今十三歲與十一歲的兩名女兒，是殷琪極大的安慰；她們是殷琪對父親殷之浩的承諾。

那時候殷之浩已病重，在美國的病榻上，父親對他摯愛的小女兒殷琪說，他心裡有兩件事放不下，一件是他沒有孫子。殷琪說：「我爽快地告訴父親：『我幫你生一個，孩子一定姓殷。』父親笑了。」

另一件牽掛的事，他告訴殷琪：「你沒有自己的家。」

那時四十歲的殷琪已離過兩次婚，父親擔心她。殷琪在訪談中解釋：「我一直很能獨處，而且家的定義可以很廣。」她極看重朋友，那也是「家」，她還有兄姊母親哩。

但那時她安慰父親：「等我生了孩子，不就有自己的家了嗎？」

「我很任性、善變，我父親非常瞭解我，他知道我是認真的。」父親笑了，很溫暖的笑容，「我要讓父親知道：不要擔心我。」

那時她有男朋友，所以一切就這樣發生了。

「我很知道我在做什麼。」從此她卻成了輿論中「未婚生子」的「典範」，殷琪說那絕非她的本意。她說要當「無婚單親媽媽」有兩個條件：「第一，妳要有獨立的經濟能力；第二，妳足以堅強到承受社會各種刻板印象的干擾。這兩樣，我都可以。」

生命流轉。一九九四年四月殷之浩病逝，一九九五年三月，殷琪的大女兒出生。

「生命是這樣，」殷琪說，「我看到女兒的第一眼，馬上知道：她不屬於我，她是一個獨立的人。」殷琪決定給這個小人兒完全的自由和尊重，就像當年父親給她的。

「我不會說我的生命因為她們而更完整，因為我不能把我的個人需求架在她們身上，那太自私。」她非常感謝兩個女兒，「教了我許多：我可以自我、可以任性，但對兩個小人兒的責任是那麼真實。事業，我可以率性說不幹了；對她們，不能。這是永遠剪不斷的了。」

【聯合報記者卓亞雄、鄭朝陽、梁玉芳】

王鼎鈞

白色恐怖，淬煉出開放的人生

「若正在痛，我認為寫不出好東西；要有時間、距離之後再寫。」

▲王鼎鈞在後院手栽梅樹一株，初春枝頭熱鬧，王鼎鈞與妻子王棣華初春賞梅。傅依傑／攝影

散文作家王鼎鈞在紐約的家，每週一晚上弦歌不輟，這些事業有成的學生都是慕「鼎公」的文名而來。

十來位中年資深學生下班後趕來，裡頭有退休的經濟學教授，圍坐在王家不大的客廳中，聽八十多歲的鼎公解惑；師母王棣華培植的盆景綠意盎然，後院的紅梅已在早春初綻。

鼎公教寫作，不收學費，供消夜

「我們就是談談怎麼寫作，大多是散文。」王鼎鈞笑說，「他們寫好了，會投稿報紙副刊，看看『績效』如何。」

這個「作文班」上兩年了，取名「久久讀書會」，意喻「對文學之愛久久長長」。在台北光啟社當過導播的李玉鳳是班長，她說，鼎公從創作的基本功——觀察、想像、體驗、選擇、組合、表現——教起，又以無數的小故事點撥、啟發，讓他們如沐春風。「鼎公不但拒收束脩，每次上完兩小時的課，師母還備消夜。」

開放的人生，只剩一付骨頭架

王鼎鈞著作等身，自一九六三年第一本《文路》，至今出了四十多本書；旅美三十年，早年寫的《開放的人生》等「人生三書」，仍長銷，是出版社鎮店之寶。「俱往矣。」王鼎鈞自嘲《開放的人生》經無數人引用、轉載，現在就如《老人與海》裡的那條大魚，「只剩下一付骨頭架了。」

王鼎鈞近年著力回憶錄，花了四年時間寫完回憶錄四部曲的第四部《文學江湖》，憶述在台三十年經歷，但是「只限文學生活」。「這是最後一部了，寫不下去了。」王鼎鈞笑說，「我老了，恐怕江郎才盡了。」

他的四部回憶錄歷經對日抗戰、國共內戰、在台歷練，是個人生命旅跡，也反映近代中國人遭逢國破家亡、政治對峙的苦痛。「文學要痛定思痛。」他感嘆，「若正在痛，我認為寫不出好東西；要有時間、距離之後再寫。」

王鼎鈞

・**籍貫**：山東臨沂蘭陵人
・**年次**：1925年生
・**學歷**：受沈從文作品影響，立志寫作；讀書不多，閱歷不少，文思不俗，勤奮不懈
・**經歷**：中廣、中視編審；台北掃蕩報副刊、公論報副刊、徵信新聞報副刊
・**作品**：著有《開放的人生》、《碎琉璃》、《左心房漩渦》等書逾四十部，及回憶錄四部曲
・**特色**：力倡將小說戲劇技巧融入散文，對文體混合首開風氣

四部回憶錄，痛定思痛才動筆

「來美三十年，給了我痛定思痛的時間與距離，對我人生經驗起了蒸餾作用，沉澱了許多雜質。」他說。

王鼎鈞的「痛定思痛」，似乎讓他更通達，能夠從更高或不同的角度，俯瞰與衡量世事。

他直言國民政府在一九五〇年代的白色恐怖掀起腥風血雨，涉及千餘山東學子的煙台聯合中學冤案，王鼎鈞的弟妹也被捲入。他說，國民黨政府藉二二八事件懾服本省人，以煙台聯中案震懾外省人，用這兩大案「殺開一條血路」。

他也揭露親身經歷的白色恐怖、特務侵擾，包括當年被誣為匪諜的李荊蓀案（新聞工作者）、崔小萍案（廣播人）的始末；他直指，台灣的五〇年代是「恐怖十年」。

孔子克難記，招來特務文武行

當時王鼎鈞在中廣工作，每週得寫一篇廣播稿鼓吹當局正推行的「克難運動」。有天寫了篇〈孔子克難記〉，說孔子提倡克難，要大家吃青菜、喝白開水，顏淵照做，結果營養不良病死了；夫子倒是吃飯講席位、講求菜色刀法調味，活到七十多歲。

王鼎鈞說，保安司令部（警備司令部前身）馬上派人來，指他的孔子克難記破壞國軍克難運動，以「文武行」伺候，要他交代「寫作動機」。

王鼎鈞回憶，特務還盯上他另一篇文章，是他根據《詩經》〈汝墳〉篇一句話「魴魚赬尾」而寫，指魴魚發怒時尾巴變成紅色，魚也有憤怒之時，必是忍無可忍了，可能發生不可測行動。王鼎鈞藉題發揮說：「不可欺人太甚。」

結果保安官員拿此文當罪狀，惡狠狠訓斥王鼎鈞：「魚代表老百姓，紅色代表共產黨，你分明鼓吹農民暴動。」

我打著燈籠，一路照亮恐怖史

王鼎鈞如今回憶，當時的白色恐怖，「槍斃不可怕，刑求可怕；刑求不可怕，社會的歧視可怕。」那段經歷，讓他點滴在心頭。

一九七八年，王鼎鈞全家移民美國，揮別台灣，當時他已五十一歲。他說此去是「盡棄所能、所知、所學，就如同『撒手西歸』」。那麼，為何要告別台灣？王鼎鈞直言，在台灣，「業有專精，但拙於應世」，白色恐怖記憶及氛圍，讓他深感「幾乎無處安身立命」，加上考量子女教育，因此決心西渡。

王鼎鈞寫回憶錄寫自己，也寫當年歷史。王鼎鈞說，台灣的事難寫，尤其五〇至七〇年代，「要有不計毀譽的精神」；「我是個引子，一個報告者，我打一個燈籠，照明一個範圍，走到哪，照到哪。」

不適合搭機，健康阻絕返鄉路

定居紐約之後，王鼎鈞有次搭飛機南下佛羅里達，在飛機上心肺出了狀況，經醫生囑咐，此後不再搭飛機，也阻斷了他返台之路。

▶當初為下一代教育移居美國，如今三個兒女各有所成，王鼎鈞深感欣慰。

長於大陸，成名在台灣，老來落腳西邦。自一九四九年，二十四歲的王鼎鈞隨軍隊撤台後，至今未返大陸。「鄉愁成了一個符號，用它來寄託很多東西。」

當年為孩子教育移民，如今三個子女風揚、詩雅、又揚，各有所成，王鼎鈞深感欣慰。只是年紀大了，「近來夜裡睡不好」，索性披衣讀書。他說，近來重看一些好譯本，以前讀的譯本不夠精緻，「我現在是溫故，能不能知新，就說不上了。」

編寫出靈魂

投稿變編輯，人生從此揚帆

一九四九年春，大陸山河變色，上海失守，王鼎鈞在上海軍械總庫當差，踉踉蹌蹌隨著軍械庫的船逃到基隆。那年他二十四歲，驚魂未定，對前途一片茫然。

「我人生轉折是一九五〇年進台北掃蕩報。」六十年前往事，猶如昨日。掃蕩報是軍報，大陸淪陷後報社遷台，副刊主編是蕭鐵，憑著王鼎鈞用筆名「黃皋」的一篇投稿，慧眼識人，直接在見報文末加上一行小字：「黃皋兄請來編輯部一談。」

剛被軍械總庫裁員的王鼎鈞惶惶恐恐跑去報社，見到素昧平生的蕭鐵，原來竟要找他當副刊助編。王鼎鈞大喜過望：「從此不必睡公園，總算有個棲身處了。」這是王鼎鈞進入新聞界及文學旅程的揚帆之始，自此「人生有了軌道」。

一九五〇年代初，台灣「白色恐怖」風聲鶴唳，報社經常「出事」；讓王鼎鈞更感念蕭鐵知遇，「他完全不知道我的底細，憑我的投稿就讓我進了報社，膽子實在很大，何況還是軍報。」

光桿的王鼎鈞就睡在掃蕩報編輯部地板，「我併三張椅子就可當床。」月薪一百六十元新台幣，當時，少尉軍官一個月薪水才五十多元，「不是報社待遇有多好，而是軍隊待遇實在太差。」

王鼎鈞說，那時在台北吃頓飯，一個饅頭、一碗粥、一碟水煮花生，要一元五角；一百六十元加上勤投稿所得稿費，養活自己外，每月還寄四十元幫助在澎湖念書的弟妹。

王鼎鈞底子厚，副刊編務三兩下就上手了。當時台灣百廢待舉，副刊嚴重缺稿，王鼎鈞常被迫在排字房邊編排邊振筆疾書，趕出篇文章填版面，這也練就他的快筆捷思。

王鼎鈞回憶，當時各報副刊內容貧乏，翻譯西洋幽默小品及中國歷史掌故，是兩道「主菜」。但蕭老編自期甚殷，要求高，認為副刊要有「文學」，拒登這兩道「冷菜」，要另上「能反映當時人的意念心靈的熱炒」。王鼎鈞說，這段掃蕩報副刊歷練，讓他學到「構思」，這是編副刊的靈魂。

「掃蕩報」給了青年王鼎鈞一個及時棲息所，為他日後在台三十年新聞與文學旅程奠基。掃蕩報掩門，王鼎鈞隨即進入中國廣播公司，後也主編「公論報」副刊、「徵信新聞報」副刊，文學之路就這樣展開。

戰俘被當共諜

三十年精神囚禁，十七年書寫釋放

爾雅創辦人隱地和王鼎鈞相交超過三十年。在他眼中，「鼎公」是客氣低調、不多話、與人保持距離的謙謙君子。最近看完王鼎鈞第四本回憶錄《文學江湖》，他才恍然大悟：「原來鼎公心中壓了這麼多時代的沉重。」

一九七八年，王鼎鈞赴美定居，此後不再踏足台灣。如此的決絕，在隱地心中畫下的大問號，終於在《文學江湖》中找到答案。原來王鼎鈞在國共內戰時遭共軍俘虜，雖然重獲自由，卻被國軍疑為間諜，近半輩子遭精神囚禁。

在台三十年，王鼎鈞一舉一動都遭監視、蒐證，「就像木偶，永遠有一根線牽著你、綁著你。」隱地說，當特務告訴王鼎鈞可以出國時，王鼎鈞還不相信；就連上飛機的前一刻，他都認為隨時會有特務出現把他帶走。

半輩子「提線木偶」的生活，在王鼎鈞心底挖出一個深不可測的黑洞。隱地說，鼎公著作反差強烈。成名作「人生三書」──《開放的人生》、《人生試金石》、《我們現代人》，湧動著積極向上的正面能量；然而另本著作《隨緣破密》卻宛如另一本厚黑學，透出一股陰暗的冷氣。

來美國後，王鼎鈞開始探測心中黑洞，四本回憶錄花了十七年寫成。

▶好友隱地向王鼎鈞學偷偷付帳的本領。圖為兩人一九八五年在紐約機場合影。

他告訴隱地：「我不寫這些書，整個人會爆炸！」

《文學江湖》從一九四九年寫到一九七八年。隱地說，書中的鼎公「彷彿走在地層下」，讓他看到「深層冷酷的世界」。回憶錄寫到赴美後戛然而止，鼎公在美三十年的生活是一片空白，因為他認為，「我到美國，就是為了寫這四本書！」

隱地眼中，鼎公慷慨、體貼、處處為人設想。兩人約吃飯總是鼎公請客，因為他練就了一身「偷偷付帳」的好本領。後來隱地跟朋友相約，也成「搶付帳」的箇中高手，「跟鼎公學的。」

雖是至交，隱地總覺得鼎公「有話藏在心裡」。他希望鼎公寫完這四本書後，「把人生的怨苦都洗掉」，重新開始新的人生。

給年輕人的忠告

- 天下事都是在是非混沌恩怨糾結中做成，只要做成了就好。
- 如果你在道德中安身立命很難，那麼你在「不道德」中安身立命更難。
- 魚不能以餌為食，花不能以瓶為家。
- 為別人的命運編寫劇本時，要先想一想自己在其中擔任何種角色。
- 不要害怕付出同情，同情並非等於同意。

再年輕一次，最想……

・認真談兩次戀愛（沒有結果的戀愛）。
・多吃蓮霧（因為美國沒有）。
・騎腳踏車環遊中國。
・接受醫學教育，去當鄉村醫師。

【紐約特派記者傅依傑、聯合報記者陳宛茜】

國家圖書館預行編目資料

決定一生的關鍵20歲／聯合報策劃撰文. -- 初版. -- 臺北市：寶瓶文化, 2009.09
面； 公分. --(catcher；32)

ISBN 978-986-6745-82-9（平裝）
1. 台灣傳記 2. 職場成功法

783.3186 98014730

catcher 032

決定一生的關鍵20歲

作者／聯合報策劃・撰文

發行人／張寶琴
社長兼總編輯／朱亞君
主編／張純玲・簡伊玲
編輯／施怡年
美術主編／林慧雯
校對／張純玲・陳佩伶・余素維
企劃副理／蘇靜玲
業務經理／盧金城
財務主任／歐素琪 業務助理／林裕翔
出版者／寶瓶文化事業有限公司
地址／台北市110信義區基隆路一段180號8樓
電話／(02)27494988 傳真／(02)27495072
郵政劃撥／19446403 寶瓶文化事業有限公司
印刷廠／世和印製企業有限公司
總經銷／大和書報圖書股份有限公司 電話／(02)89902588
地址／台北縣五股工業區五工五路2號 傳真／(02)22997900
E-mail／aquarius@udngroup.com

法律顧問／理律法律事務所陳長文律師、蔣大中律師
如有破損或裝訂錯誤，請寄回本公司更換
著作完成日期／二〇〇九年七月
初版一刷日期／二〇〇九年九月
初版三刷日期／二〇〇九年九月二十五日
ISBN／978-986-6745-82-9
定價／二八〇元

AQUARIUS 寶瓶文化事業

愛書人卡

感謝您熱心的為我們填寫，
對您的意見，我們會認真的加以參考，
希望寶瓶文化推出的每一本書，都能得到您的肯定與永遠的支持。

系列：Catcher032　**書名：決定一生的關鍵20歲**

1. 姓名：＿＿＿＿＿＿＿＿　性別：□男　□女
2. 生日：＿＿年＿＿月＿＿日
3. 教育程度：□大學以上　□大學　□專科　□高中、高職　□高中職以下
4. 職業：＿＿＿＿＿＿＿＿
5. 聯絡地址：＿＿＿＿＿＿＿＿＿＿＿＿＿＿＿＿＿

   聯絡電話：＿＿＿＿＿＿＿＿　手機：＿＿＿＿＿＿＿＿
6. E-mail信箱：＿＿＿＿＿＿＿＿＿＿＿＿＿＿

   □同意　□不同意　免費獲得寶瓶文化叢書訊息
7. 購買日期：＿＿年＿＿月＿＿日
8. 您得知本書的管道：□報紙／雜誌　□電視／電台　□親友介紹　□逛書店　□網路

   □傳單／海報　□廣告　□其他
9. 您在哪裡買到本書：□書店，店名＿＿＿＿＿　□劃撥　□現場活動　□贈書

   □網路購書，網站名稱：＿＿＿＿＿＿　□其他＿＿＿＿＿
10. 對本書的建議：(請填代號　1. 滿意　2. 尚可　3. 再改進，請提供意見)

    內容：＿＿＿＿＿＿＿＿＿＿＿＿＿＿

    封面：＿＿＿＿＿＿＿＿＿＿＿＿＿＿

    編排：＿＿＿＿＿＿＿＿＿＿＿＿＿＿

    其他：＿＿＿＿＿＿＿＿＿＿＿＿＿＿

    綜合意見：＿＿＿＿＿＿＿＿＿＿＿＿＿＿＿＿＿＿＿＿
11. 希望我們未來出版哪一類的書籍：＿＿＿＿＿＿＿＿＿＿＿＿

讓文字與書寫的聲音大鳴大放

寶瓶文化事業有限公司

（請沿此虛線剪下）

廣 告 回 函	
北區郵政管理局登記	
證北台字 15345 號	
免貼郵票	

寶瓶文化事業有限公司　收

110 台北市信義區基隆路一段 180 號 8 樓
8F,180 KEELUNG RD.,SEC.1,
TAIPEI.(110)TAIWAN R.O.C.

（請沿虛線對折後寄回，謝謝）